T0086230

La última
semana

La última
semana

Eleazar Barajas

Para realizar pedidos de este libro, contacte con:
Palibrio
1663 Liberty Drive, Suite 200
Bloomington, IN 47403
Gratis desde EE. UU. al 877.407.5847
Gratis desde México al 01.800.288.2243
Gratis desde España al 900.866.949
Desde otro país al +1.812.671.9757
Fax: 01.812.355.1576
ventas@palibrio.com
835667

ÍNDICE

Introducción

Por tradición mundial, la llamada Semana de la Pasión, es una de las más populares de las cincuenta y dos que componen el año. Juntamente con la Navidad, la Semana de la Pasión, se celebra a nivel mundial. Aunque ciertamente existen países, algunas religiones, algunas sectas del cristianismo y algunos grupos religiosos que, por cuestiones religiosas o políticas tratan de ignorar la celebración de la Pasión de Cristo. Aun así, la Semana de la Pasión de Cristo, es de fama mundial.

Ahora bien, aunque he dicho que la Semana de la Pasión de Cristo es de fama mundial, en el siglo veintiuno, al parecer, esta importante semana del año, en la que se recuerda los pasos y eventos decisivos del Plan Salvífico, se ha quedado en la historia como una mera tradición. Especialmente en los Estados Unidos de América, esta Semana ha dejado de ser esencial en la vida eclesiástica, en lugar de tomar el tiempo para adorar al Señor mientras se recuerda su Pasión, la gente estadounidense la usa para viajar, para fiestas familiares, para los deportes y, los menos afortunados la usan para trabajar.

En algunas iglesias cristianas el viernes celebran un culto de una hora recordando la crucifixión de Jesús. El domingo, que es el Domingo de Resurrección, en algunas iglesias cristianas se celebra un culto a las 6:00 am, después un desayuno a las 8:00 am, y la "celebración" del triunfo de Jesucristo sobre el poder del pecado termina en un parque divirtiéndose o en la playa o en casa durmiendo.

¡En Estados Unidos de América, la pasión por la adoración y gratitud a Dios durante la Semana de la Pasión se está quedando en los archivos de la Historia del Cristianismo! Se ha dejado la narrativa de los evangelios sobre la Semana de la Pasión en la antigua iglesia; es decir que la Iglesia Cristiana Contemporánea se ha centrado en otras doctrinas e historias bíblicas. Sin embargo, cuando volvemos a la lectura de la narrativa de *La Ultima Semana* de la vida de Jesús sobre esta tierra, notamos que: "Es muy conmovedora. No hay interrupción; un acontecimiento sucede inmediatamente a otro. Es una narración tan viva ... como puede hallarse en cualquier otro idioma, y desde ahora – Domingo de Ramos – hasta la conclusión- es decir, hasta el Domingo de Resurrección -, tenemos delante los estudios más grandes a que la mente del hombre haya sido dirigida jamás".[1]

Esta conmovedora narrativa de *La Ultima Semana* de la vida de Jesús, los evangelios la presentan de la siguiente manera:

"**Domingo:**
Jesús entra en Jerusalén (Mt 21:1-11; Mc 11:1-11ª; Lc 19:28-44; Jn 12:12-19).
Jesús pasa la noche en Betania (Mt 21:17; Mc 11:11b).

---

[1]   B. H. Carroll. *Comentario Bíblico: Los Cuatro Evangelios. Volumen VI. Tomo II.* Trd. Sara A. Hale. (Terrassa (Barcelona), España. Editorial CLIE. 1986), 262.

Lunes:

Jesús maldice una higuera (Mt 21:18-22; Mc 11:12-14, 20-25).

Jesús va al Templo (Mt 21:12-16; Mc 11:15-18; Lc 19:45-48).

Jesús vuelve a Betania (Mt 21:17; Mc 11:19).

Martes:

Jesús enseña y discute en el Templo (Mt 21:23-39; Mc 11:27-12:44; Lc 20:1-47).

La ofrenda de la viuda pobre (Mt 12:41-44; Lc 21:1-4).

Jesús habla de la destrucción del Templo y de la venida del Hijo del Hombre (Mt 24:1-25:46; Mc 13:1-37; Lc 21:5-38).

Miércoles:

El plan para matar a Jesús (Mt 26:1-5; Mc 14:1-2).

Jesús en Betania (Mt 26:6-13; Mc 14:3-9; Jn 12:1-8).

Conspiración contra Jesús (Mt 26:14-16; Mc 14:10-11; Lc 22:1-6).

Jueves:

Jesús conmemora la Pascua (Mt 26:17-25; Mc 14:12-21; Lc 22:7-16).

Jesús enseña sobre la Cena del Señor (Mt 26:26-30; Mc 14:22-26; Lc 22:17-23; I Cor. 11:23-25).

Jesús lava los pies de los discípulos (Jn 13:1-20).

Jesús anuncia la negación de Pedro (Mt 26:31-35; Mc 14: 27-31; Lc 22:31-34; Jn 13:36-38).
Jesús consuela a los discípulos (Jn 14:1-16:33).
Jesús ora en favor de los discípulos (Jn 17:1-26).
Jesús en el Jardín de Getsemaní (Mt 26:36-46; Mc 14:32-42; Lc 22:39-46).
Jesús es apresado (Mt 26:47-56; Mc 14:43-52; Lc 22:47-52; Jn 18:1-12).
Jesús delante del Concilio (Mt 26:57-68; Mc 14:53-65; Lc 22:54ᵃ, 66-71; Jn 18:19-24).
Pedro niega a Jesús (Mt 26:68-75; Mc 14:66-72; Lc 22:54-62; Jn 18:15-18, 25-27).

Viernes:
Jesús es condenado a muerte por Pilato (Mt 27:1-2, 11-31; Mc 15:1-20; Lc 23:1-25; Jn 18:28-19:16).
A las nueve de la mañana Jesús es crucificado (Mt 27:32-44; Mc15:21-32; Lc 23:26-43; Jn 19:17-27).
A las tres de la tarde Jesús muere (Mt 27:45-46; Mc 14:33-41; Lc 23:44-49; Jn 19:28-30).
Un soldado hiere el costado de Jesús (Jn 19:31-37).
Antes de la puesta del sol Jesús es sepultado (Mt 27:57-61; mc 14;42-47; Lc 23:50-56; Jn 19:38-42)".[2]

En este libro se hace énfasis en algunas de las actividades de Jesús y de los personajes que le rodearon durante los jueves

---

[2]   La última semana de la vida de Jesús. *Escrito en la Biblia de Estudio esquemática* (Brasil. Sociedades Bíblicas Unidas. 2010), 1422

y viernes de esta última Semana en la que se celebra – mejor dicho – en la que se celebraba *La Pasión de Cristo*. Es decir que, aunque el título es: *La Ultima Semana*, este libro no habla de las actividades de toda ella, solamente de algunas de ellas. El énfasis de este libro son los hechos del jueves por la noche y las de todo el viernes, en especial, se enfatizan las últimas siete expresiones de Jesús – *Las Siete Palabras de Jesús* - mientras estuvo colgado de la cruz en el monte Calvario. Es pues, un énfasis en el acto de que: "Jesús, en cooperación con su Padre, vino al mundo expresamente con el propósito de tomar su cruz y dar lo más precioso que tenía en rescate por todos: Su sangre. El apóstol Pedro la llama 'sangre preciosa de Cristo' (I Pedro 1:19)".[3]

Me he propuesto terminar este libro no con un Cristo muerto y sepultado, sino con un Jesucristo Resucitado y Victorioso sobre el pecado y la misma muerte. En ambos eventos, la sepultura y la resurrección de Jesús, las actividades de las mujeres; las que he llamado: *El Otro Equipo* del Señor, son las protagonistas de los últimos dos eventos; el que marca el fin de *La Ultima Semana* de vida de Jesucristo en esta tierra, la sepultura de Jesús, y el primero que marca el inicio de una Nueva época, la Resurrección de Jesucristo.

Espero, pues que: *Primero*, los hispanos lean este libro. Desafortunadamente somos un pueblo que nos interesan muchas cosas, menos la lectura. Somos un pueblo de inconformidades, de huelgas, un pueblo subyugado intelectualmente, un pueblo que nos encantan las fiestas, pero también un pueblo lento en la lectura. Es mucho más fácil sentarse frente al televisor y ver una novela de cabo a rabo o una película de principio a fin, esto es mucho más sencillo que tomar un libro con nuestras

---

[3] Santiago Wadel. *Dios es... Algunos atributos de Dios. El Dios bueno.* (Costa Rica, C. A. Publicadora la Merced. 2021. Artículo publicado en la Revista La Antorcha de la Verdad. Marzo-abril, 2021. Volumen 35. Número 2.), 9.

manos, como este, y leerlo. Espero equivocarme con algunos de ustedes que ya comenzaron la lectura de estas páginas.

Segundo, espero que la lectura de este libro nos motive a que *La Semana de la Pasión de Cristo* no se quede en los archivos de la Historia eclesiástica, sino que, sea nuevamente una práctica de adoración en nuestras iglesias cristianas.

En Cristo:

Eleazar Barajas
La Habra, California.

CUMPLIMIENTO PROFÉTICO

"Cuando ya estaban cerca de Jerusalén y habían llegado a Betfagé, al Monte de los Olivos, Jesús envió a dos de sus discípulos, diciéndoles: —Vayan a la aldea que está enfrente. Allí encontrarán una burra atada, y un burrito con ella. Desátenla y tráiganmelos. ... Esto sucedió para que se cumpliera lo que dijo el profeta, cuando escribió:

'Digan a la ciudad de Sión: Mira, tu Rey viene a ti, humilde, montado en un burro, en un burrito, cría de una bestia de carga'.

Había mucha gente. Unos tendían sus capas por el camino, y otros tendían ramas que cortaban de los árboles. Y tanto los que iban delante como los que iban detrás, gritaban: —¡Hosana al Hijo del rey David! ¡Bendito el que viene en el nombre del Señor! ¡Hosana en las alturas!

Cuando Jesús entró en Jerusalén, toda la ciudad se alborotó, y muchos preguntaban:

—¿Quién es éste? Y la gente contestaba: —Es
el profeta Jesús, el de Nazaret de Galilea.
Mateo 21:1-11, (DHH).

INTRODUCCIÓN.

Comenzamos esta serie de predicaciones con la actividad
de Jesús en el primer día de la llamada: *Semana de la Pasión
de Cristo*. Es decir, comenzamos con la entrada de Jesús a la
ciudad de Jerusalén con una sorprendente alegría. La gente
de Jerusalén se alegró al ver a Jesús montado sobre un burrito
entrado a su ciudad.

¿No les sorprende esta reacción de la gente de Jerusalén?
Especialmente en los dos últimos dos años de vida de Jesús,
el Señor se había hecho odiar por los líderes religiosos de
su país; Jesús estuvo enseñando una nueva doctrina, estuvo
interpretando correctamente el Antiguo Testamento y, esta
práctica, no fue aceptada por el liderazgo religioso de su
época, por eso lo odiaron. Pero, en aquel primer día de *La
Ultima Semana* de vida de Jesús, el pueblo le da la bienvenida
a su ciudad capital. Todo esto fue dentro del cumplimiento
profético.

La Iglesia Cristiana tomó este acto de Jesús, le puso por
nombre: *"Domingo de Ramos"* y lo llevó a la práctica hasta el
día de hoy. "El Domingo de Ramos es una celebración religiosa
en la que la mayoría de las confesiones del cristianismo
conmemora la entrada de Jesucristo en Jerusalén, iniciando
la Semana Santa. Es una fiesta cristiana movible que cae
el domingo antes de Pascua, es decir, el sexto domingo de
Cuaresma.

La fiesta conmemora la Entrada Triunfal de Jesús a la
ciudad de Jerusalén, un evento mencionado en cada uno de

los cuatro evangelios canónicos. *El Domingo de Ramos* marca el primer día de la Semana Santa".[4]

¡Domingo de Ramos! "Esta es la primera vez que se hace prominente el domingo como el primer día de la semana. -Notemos que - El primer día de la semana, Cristo es proclamado Rey; el primer día de la semana Jesús se levanta de entre los muertos; el primer día de la semana, Jesús aparece después de haberse levantado de entre los muertos; el primer día de la semana derrama el Espíritu Santo sobre su iglesia. Desde ese tiempo en adelante el domingo será prominente".[5]

La Entrada Triunfal de Jesús a la ciudad de Jerusalén, en aquel Domingo de Ramos, fue un evento de un cumplimiento profético triple. Así que nos preguntamos: ¿Por qué este evento se considera como el cumplimiento de las profecías? Se considera así porque por lo menos hace referencia a tres eventos proféticos que en ese primer día de *La Ultima Semana* de vida de Jesús se cumplieron.

I.- JESÚS FUE RECIBIDO COMO REY.

Esta es la primera de las profecías antiguo testamentarías que Jesucristo cumplió aquel primer día de la semana, de *La Ultima Semana* de vida terrenal del Salvador del mundo. El Evangelista Mateo, dice: "Digan a la ciudad de Sión: 'Mira, tu Rey viene a ti, humilde, montado en un burro, en un burrito, cría de una bestia de carga'."[6] Jesús salió de Galilea y atravesó el territorio de Perea y el de Judea. Cuando estaba cerca de

---

[4] Wikipedia, la enciclopedia libre. *El Domingo de Ramos.* (La Habra, California. Internet. Consultado el 13 de mayo del 2021), ¿¿https://es.wikipedia.org/wiki/Domingo_de_Ramos

[5] B. H. Carroll. *Comentario Bíblico: Los Cuatro Evangelios. Volumen VI. Tomo II.* Trd. Sara A. Hale. (Terrassa (Barcelona), España. Editorial CLIE. 1986), 263.

[6] Mateo 21:5, (DHH).

Jerusalén, es decir, cuando había: "llegado a Betfagé (Hoy se llama *el-Azariyeth*), al Monte de los Olivos, Jesús envió a dos de sus discípulos para que le consiguieran un burrito. Se montó en él pollino y así entró a la gran capital de Israel".[7] No sabemos que fue exactamente lo que los discípulos entendieron cuando Jesús le dio la orden de ir y desatar a la burra y a su cría, Mateo dice que Jesús les dijo: "Si alguien les dice algo, díganle: El Señor los necesita".[8] El término *Señor* en griego es *Kyrios*. Una palabra que se puede traducir como el *Maestro* o *el dueño*. "Puede designar al amo terrenal o a la deidad en la cual se cree. Se usa en alusión al amo del esclavo en Mateo 10:24, pero también a Dios como el Señor de la cosecha (Mt 9:38), el Señor de la viña (Mt 20:8), el Señor del cielo y de la tierra (Mt 11:20, 25), y, con frecuencia, a Jesús como el Mesías (Hechos 10:36)".[9]

Si los discípulos y la gente entendieron o no que Jesús era el *Kyrios* de Dios, no lo sabemos. Lo cierto es que la gente lo recibió con honores; los mismos honores que se le hacían a un rey que regresaba victorioso de la guerra. El Evangelista Mateo dice que: "Había mucha gente. Unos tendían sus capas por el camino, y otros tendían ramas que cortaban de los árboles".[10] "Esta era una manera festiva de recibir a los reyes y a otras altas autoridades (2 R 9:13)".[11] Esta fue una bienvenida tal y como dice el relato de Mateo

---

[7]   Michael J. Wilkins, *Comentario Bíblico con Aplicación: MATEO: Del texto bíblico a una Aplicación Contemporánea*. (Nashville, Tennessee, USA. Editorial Vida. 2016), 685

[8]   Mateo 21:3, (RV, 60).

[9]   Michael J. Wilkins, *Comentario Bíblico con Aplicación: MATEO: Del texto bíblico a una Aplicación Contemporánea*. (Nashville, Tennessee, USA. Editorial Vida. 2016), 685

[10]   Mateo 21:8, (DHH).

[11]   Nota de pie de página en la *Biblia de Estudio esquemática* (Brasil. Sociedades bíblicas Unidas. 2010), 1423

con mucha gente. En ese tiempo de la Pascua: *"Había mucha gente"* en la ciudad de Jerusalén. La Versión Reina Valera dice que: "La multitud, que era muy numerosa, tendían sus mantos en el camino; ...".[12] Recordemos que: "Era el tiempo de la pascua, y Jerusalén y todo el país de alrededor estaba abarrotado de peregrinos. Treinta años después – de la Entrada Triunfal de Jesús a Jerusalén -, un gobernador tuvo que hacer el censo de los corderos que se mataron en Jerusalén para la pascua, y descubrió que su número se aproximaba al millón. La norma de la Pascua era que tenían que reunirse por lo menos diez personas para cada cordero, lo que quiere decir que en esa pascua hubo en Jerusalén más de dos millones y medio de personas".[13] Con justa razón, Mateo dice que "había mucha gente".

Así es que, si seguimos el contexto del relato de la Entrada Triunfal de Jesús a la ciudad de Jerusalén, en aquel primer día de *La Última Semana*, la gente de Jerusalén le dio la bienvenida al Rey de reyes y Señor de señores.[14] Este recibimiento, inesperado pero profético, fue precisamente "para que se cumpliera lo dicho por el profeta Zacarías".[15] La profecía dice: "¡Alégrate mucho, hija de Sión! ¡Grita de alegría, hija de Jerusalén! Mira, tu rey viene hacia ti, justo, Salvador y humilde. Viene montado en un asno, en un pollino, cría de asna".[16] Y, ¡Jesús entró a la ciudad de Jerusalén montado sobre un burrito! ¡Jesús cumplió la profecía dicha por Zacarías!

---

[12]   Mateo 21:8, (RV, 1960).

[13]   William Barclay. *Comentario al Nuevo Testamento: Volumen 2: MATEO: II.* Trd. Alberto Araujo. (Terrassa (Barcelona), España. Editorial CLIE. 1997), 277-278

[14]   Apocalipsis 17:14; 19:16, (RV, 1960).

[15]   Mateo 21:4, (NVI).

[16]   Zacarías 9:9, (NVI).

Cabe hacer notar que: "Los que aceptan a Cristo por Rey y Señor de sus vidas, tienen que colocarlo todo bajo los pies de él".[17] El doctor Michael J. Wilkins, dice que: "El movimiento *in crescendo* del ministerio de Jesús aparece cuando entra a Jerusalén, la ciudad del gran rey (Sal 48:1-2), centro de la vida espiritual de Israel y de su esperanza mesiánica".[18] ¡Jesús entró a la ciudad del gran rey y fue recibido como un Gran Rey! Así que: "El suceso fue un cumplimiento vivo de las Escrituras e identificó al Mesías".[19] Una de las características de Jesús fue que viajó mucho. Todos los viajes narrados por los evangelistas Mateo, Marcos, Lucas y Juan, los hizo caminando. Sin embargo: "Una sola vez en su vida, viajó Jesús montado en triunfo, y fue precisamente cuando entró en Jerusalén para sufrir y morir".[20] En ese cumplimiento profético, "Jesús no podía haber escogido un momento más dramático. Se dirigió a una ciudad abarrotada de gente y cargada de expectaciones religiosas".[21] Jesucristo vino a cumplir fielmente todas las profecías y ésta del profeta Zacarías, la cumplió a la perfección. Solo Dios puede hacer tal cosa.

[17]   Matthew Henry. *Comentario Exegético-Devocional a toda la Biblia: Mateo.* Td. Francisco Lacueva. (Terrassa (Barcelona), España. Editorial CLIE. 1984), 397.

[18]   Michael J. Wilkins, *Comentario Bíblico con Aplicación: MATEO: Del texto bíblico a una Aplicación Contemporánea.* (Nashville, Tennessee, USA. Editorial Vida. 2016), 683

[19]   B. H. Carroll. *Comentario Bíblico: Los Cuatro Evangelios. Volumen VI. Tomo II.* Trd. Sara A. Hale. (Terrassa (Barcelona), España. Editorial CLIE. 1986), 264.

[20]   Matthew Henry. *Comentario Exegético-Devocional a toda la Biblia: Mateo.* Td. Francisco Lacueva. (Terrassa (Barcelona), España. Editorial CLIE. 1984), 395.

[21]   William Barclay. *Comentario al Nuevo Testamento: Volumen 2: MATEO: II.* Trd. Alberto Araujo. (Terrassa (Barcelona), España. Editorial CLIE. 1997), 278.

II.- CUMPLIMIENTO PROFÉTICO DE LA PROFECÍA DE DANIEL 9:25.

Parte de la profecía de Daniel en cuanto al mesianismo judío, dice que: "Durante una semana más, él hará un pacto con mucha gente, pero a mitad de la semana pondrá fin a los sacrificios y las ofrendas. Y un horrible sacrilegio se cometerá ante el altar de los sacrificios, hasta que la destrucción determinada caiga sobre el autor de estos horrores".[22] El profeta Daniel, mientras estaba en el cautiverio babilónico, un día comenzó a orar por el pueblo de Israel. "En esta oración, Daniel confiesa a Dios sus propios pecados y los de su pueblo (Dan 9:4, 20). El se preocupa por la profecía dicha por el profeta Jeremías respecto a los setenta años, durante los cuales la ciudad de Jerusalén quedó arrasada, y pidió a Dios que restaurara el templo (v.17, 20)".[23]

Todavía, Daniel, estaba orando cuando la respuesta de parte de Dios le llegó.[24] Parte de esa respuesta divina, dice: "Sabe, pues, y entiende, que, desde la salida de la orden para restaurar y edificar a Jerusalén hasta el Mesías Príncipe, habrá siete semanas, y sesenta y dos semanas; se volverá a edificar la plaza y el muro en tiempos angustiosos. Y después de las sesenta y dos semanas se quitará la vida al Mesías".[25] Otra versión dice: "¡Ahora escucha y entiende! Pasarán siete conjuntos de siete más sesenta y dos conjuntos de siete desde el momento en que se dé la orden de reconstruir Jerusalén hasta que venga un gobernante, el Ungido. Jerusalén será

[22]   Daniel 9:27, (DHH).
[23]   Comentario en la *Biblia de Estudio Esquemática*. (Brasil. Sociedades Bíblicas Unidas. 2010), 1280.
[24]   Daniel 9:20-27.
[25]   Daniel 9:25-26ª, (RV, 1960).

8   ELEAZAR BARAJAS

reconstruida con calles y fuertes defensas, a pesar de los tiempos peligrosos".[26] En Daniel 9:24, dice: "Setenta semanas han sido decretadas para que tu pueblo y tu santa ciudad pongan fin a sus transgresiones y pecados, pidan perdón por su maldad, establezcan para siempre la justicia, sellen la visión y la profecía, y consagren el lugar santísimo". "La palabra 'semanas' mencionadas en este versículo es en hebreo *'shavuim'* y en griego es *'hebdomades'*. Literalmente significa *'siete'*."[27] Sobre el término *Semanas*, "casi todos los eruditos están de acuerdo en que este término representa 490 años".[28]

Ahora bien, sobre estos textos "se sostienen tres perspectivas: (1) El punto de *vista crítico* postula que la 'profecía' fue escrita por un seudo-Daniel en el año 165 a.C.

(2) *La Perspectiva de la dispensación* considera que la semana sesenta y nueve termina antes de la crucifixión de Jesús, y deja la semana setenta (la era presente como un 'gran paréntesis') para que se cumpla en la gran tribulación".[29] Sin embargo debemos de hacer notar que: "Estos setenta sietes o semanas nada tienen que ver con la iglesia. Tampoco han sido señalados para las naciones gentiles. El ángel – Gabriel – le dijo a Daniel: 'Setenta semanas están determinadas sobre tu pueblo y sobre tu santa ciudad'. El pueblo de Daniel eran los judíos y la santa ciudad era Jerusalén".[30]

---

[26]   Daniel 9:25, (NTV).

[27]   Kittim Silva Bermúdes. *Daniel: Historia y Profecía*. (Viladecavalls, (Barcelona), España. Editorial CLIE. 2014), 169-170

[28]   Comentario en la *Biblia NVI de Estudio Arqueológica: Un viaje ilustrado a raves de la cultura y la historia bíblicas*. (Miami, Florida. Editorial Vida. 2009), 1440-1441.

[29]   Comentario en la *Biblia NVI de Estudio Arqueológica: Un viaje ilustrado a raves de la cultura y la historia bíblicas*. (Miami, Florida. Editorial Vida. 2009), 1441.

[30]   Kittim Silva Bermúdes. *Daniel: Historia y Profecía*. (Viladecavalls, (Barcelona), España. Editorial CLIE. 2014), 170-171

"(3) *El punto de vista conservador o tradicional* asegura que la semana setenta fue introducida por el bautismo de Jesús dividida en dos (tres años y medio) por su muerte, provocando así que los sacrificios cesaran (Dan. 9:27)".[31] Nos quedamos con la tercera. ¿Por qué? Porque creemos que: "El Domingo de Ramos fue el cumplimiento de la profecía de los 'setenta sietes' del profeta Daniel: - que dice - 'Sabe, pues, y entiende, que, desde la salida de la orden para restaurar y edificar a Jerusalén hasta el Mesías Príncipe, habrá siete semanas, y sesenta y dos semanas; se volverá a edificar la plaza y el muro en tiempos angustiosos'. (Daniel 9:25). - Luego -, Juan 1:11 nos dice: 'A lo suyo vino [Jesús], y los suyos no le recibieron'. Las mismas multitudes que gritaban: '¡Hosanna!' gritaron '¡Sea crucificado!' cinco días más tarde (Mateo 27:22-23)".[32] Esto es que, Jesús cumplió fielmente con la profecía de Daniel 9:25.

Para cerrar este cumplimiento profético de parte de Jesús, notemos que: "En una semana culminante, Jesús concluye el propósito primordial de Su Misión Terrenal: La Redención de la Humanidad".[33] Un plan profético que, nuevamente se cumplió al pie de la letra en el orden y tradición profética teológica, pues, el relato de Mateo dice que Jesús, "montado en un burro, en un burrito, cría de una bestia de carga",[34] entró a la ciudad de Jerusalén.

[31] Comentario en la *Biblia NVI de Estudio Arqueológica: Un viaje ilustrado a raves de la cultura y la historia bíblicas*. (Miami, Florida. Editorial Vida. 2009), 1441.

[32] GotQuestions.org > español. *¿Qué es el Domingo de Ramos?* (La Habra, California. Internet. Consultado el 13 de mayo del 2021), ¿? https://www.gotquestions.org/Espanol/Domingo-de-Ramos.html

[33] Michael J. Wilkins, *Comentario Bíblico con Aplicación: MATEO: Del texto bíblico a una Aplicación Contemporánea*. (Nashville, Tennessee, USA. Editorial Vida. 2016), 684

[34] Mateo 21:5, (DHH).

Desde el punto de vista de la Teología Bíblica, se nota que Jesús cumplió la profecía de Daniel, pues, al entrar cabalgando sobre un asnito, el hecho manifiesta que Jesús se montó sobre un animal en el cual nadie antes se había montado. Todo fue un propósito bien definido: ¡Cumplir fielmente las Escrituras! La Biblia dice que: "La becerra roja que se usaba para las ceremonias de purificación debía ser un animal 'sobre el cual no se había puesto yugo' *(Números 19:2; Deuteronomio 21:3)*; la carreta en el que se llevaba el arca del Señor había de ser una que no se hubiera usado antes para ningún otro propósito (I Samuel 3:7). La especial santidad de la ocasión – del Domingo de Ramos - se subrayaba por el hecho de que en el asna – o burrito - no había cabalgado antes ninguna persona".[35] ¡Nada a la deriva o a la imaginación! ¡Toda la profecía se cumplió fielmente! Solo Dios puede hacer tal cosa, por eso y mucho más, ¡Jesucristo ES Dios!

III.- CUMPLIMIENTO PROFÉTICO DEL PROPÓSITO DE LA LEY MOSAICA.

La enseñanza paulina en cuanto a uno de los propósitos de la les fue que: "Antes de venir esta fe, la ley nos tenía presos, encerrados hasta que la fe se revelara. Así que la ley vino a ser nuestro guía encargado de conducirnos a Cristo, para que fuéramos justificados por la fe. Pero, ahora que ha llegado la fe, ya no estamos sujetos al guía".[36]

El apóstol Pablo les dijo a los hermanos de Galacia que: "Antes de que se nos abriera el camino de la fe en Cristo, estábamos vigilados por la ley. Nos mantuvo en custodia

---

[35]   William Barclay. *Comentario al Nuevo Testamento: Volumen 2: MATEO: II.* Trd. Alberto Araujo. (Terrassa (Barcelona), España. Editorial CLIE. 1997), 278.

[36]   Gálatas 3:23-25, (NVI).

protectora, por así decirlo, hasta que fuera revelado el camino de la fe. Dicho de otra manera, la ley fue nuestra tutora hasta que vino Cristo; nos protegió hasta que se nos declarara justos ante Dios por medio de la fe".[37] Esta es la enseñanza paulina. El apóstol Pablo continua con su enseñanza y dice: "Pero ahora que ha llegado la fe, ya no estamos a cargo de ese esclavo que era la ley, pues por la fe en Cristo Jesús todos ustedes son hijos de Dios, ya que, al unirse a Cristo en el bautismo, han quedado revestidos de Cristo".[38]

Así que, la Ley de Moisés fue dada como *ayo* o tutor – alguien "como el esclavo que vigila a los niños, hasta que viniera Cristo", la Ley de Moisés fue una institución conductiva para llevar a Israel hacia Cristo. Para el apóstol Pablo, la Ley mosaica era como el *paidagogos* entre la cultura griega, este era un esclavo, no era el maestro, aunque tomaba gran parte en la enseñanza y la educación del niño. El esclavo o *paidagogos*: "Estaba a cargo del bienestar moral del niño, y era su deber el comprobar que adquiriera las cualidades esenciales de la verdadera hombría".[39]

En una buena hermenéutica bíblica notamos que: "La Ley de Moisés era altamente simbólica y llena de semejanzas, lo que señalaba hacia Cristo y su expiación futura".[40] Pero, nunca la ley de Moisés fue un medio de salvación, sino que, fue un conducto para llegar a ser salvos, esto es que, la ley llevó a la persona para mirar hacia el Salvador a quien consideraban como el Mesía de Dios. En el Nuevo Testamento, este Mesías

---

[37]   Gálatas 3:23-24, (NTV).

[38]   Gálatas 3:23-27, (DHH).

[39]   William Barclay. Comentario al Nuevo Testamento: Volumen 10: Gálatas y Efesios. (Terrassa (Barcelona), España. Editorial CLIE. 1970), 53

[40]   Iglesia de Jesucristo de los Santos de los Últimos Días. *La Ley Mosaica: Un evangelio preparatorio: Éxodo 21-24; 31-35*. (La Habra, California. Internet. Articulo consultado el 14 de mayo del 2021), ¿? https://www.churchofjesuschrist.org/study/manual/old-testament-student-manual-genesis-2-samuel/exodus-21-24-31-35?lang=spa

de Dios es Cristo Jesús. ¡Él es el Maestro! Es, pues, Jesucristo, el único medio de salvación.

Recordemos que en su prefacio de los Diez Mandamientos Dios dijo: "Yo soy el Señor tu Dios. Yo te saqué de Egipto, del país donde eras esclavo. No tengas otros dioses además de mí".[41] Al decir esto, el Señor Todopoderoso hizo recordar a Israel que el propósito de la ley era hacerlos libres y preservarlos así. Fue un recordatorio profético que "cuando se cumplió el tiempo establecido, Dios envió a su Hijo, nacido de una mujer y sujeto a la ley. Dios lo envió para que comprara la libertad de los que éramos esclavos de la ley".[42] Así fue que el cumplimiento profético del propósito de la Ley Mosaica se cumplió al pie de la letra y, aquel día llamado el *Domingo de Ramos* lo testifica como verídico.

Si con el cumplimiento de la ley la persona no se salvaba, entonces, ¿para qué Dios les dio la ley a los israelitas? "La Biblia da al menos cuatro razones por las que Dios dio la Ley Mosaica a su pueblo: por su propio bien, para revelarse a ellos, para diferenciarlos con el fin de revelarse a otros, y para revelar la necesidad de la humanidad de un salvador".[43]

"En su carta a los Gálatas, Pablo explica: 'Así que la ley vino a ser nuestro guía encargado de conducirnos a Cristo, para que fuéramos justificados por la fe'. (Gálatas 3:24). Nuestra necesidad de la gracia salvadora de Dios a través de Jesús solo está clara para nosotros si tenemos una norma establecida como la Ley Mosaica".[44] Así que, con la

---

[41]   Éxodo 20:2-3, (NVI).

[42]   Gálatas 4:4-5, (NTV).

[43]   CompellingTruth. *¿Por qué Dios dio la Ley Mosaica?* (La Habra, California. Internet. Artículo consultado el 14 de mayo del 2021), ¿? https://www.compellingtruth.org/Espanol/ley-mosaica.html

[44]   CompellingTruth. *¿Por qué Dios dio la Ley Mosaica?* (La Habra, California. Internet. Artículo consultado el 14 de mayo del 2021), ¿? https://www.compellingtruth.org/Espanol/ley-mosaica.html

Entrada Triunfal de Jesús a la ciudad de Jerusalén en aquel Domingo de Ramos, anunciaba que la profecía en cuanto al cumplimiento de la ley Mosaica, ¡Había llegado! El Salvador que apuntaba la ley, entró a la ciudad como el Soberano que era. ¡El Domingo de Ramos certificó que Jesús era el Mesías de Dios!

CONCLUSIÓN.

Dios, por medio del profeta Isaías, unos setecientos años antes de que Jesús caminara por las calles, por las avenidas, por los valles y por las montañas de Palestina, predicando el mensaje del Señor, dijo: "... la palabra que sale de mi boca: No volverá a mí vacía, sino que hará lo que yo deseo y cumplirá con mis propósitos".[45]

La Ultima Semana de la vida de Jesús en esta tierra comienza con la aseveración de que la palabra de Dios cumple con sus propósitos. Hemos notado que tres de las grandes profecías se cumplieron en el ministerio de Cristo Jesús en aquella *Ultima Semana*.

Así que, Jesucristo es Rey de reyes, en Jesucristo se cumplieron las profecías dichas por Daniel y en el mismo Señor Jesús se realizó el Cumplimiento profético del propósito de la Ley Mosaica. ¿Qué quiero decirte hoy? Dos cosas:

Primero: Que se puede confiar en lo que dice la Biblia, aunque pase mucho tiempo sin cumplirse algunas de sus profecías; La Biblia es Veraz, ¡Es la Palabra de Dios!

Segundo: Que Jesús de Nazaret cumplió todo al cien por ciento de lo que estaba escrito de él. Así que, en Jesucristo se puede confiar porque él, hasta en *La Ultima Semana* de

---

[45]   Isaías 55:11, (NVI).

su vida, fue y es el Fiel Rey Salvador. La gente de Jerusalén lo anuncio así y le suplicó salvación. El término *"Hosana"* que la gente gritaba mientras Jesús entraba a la ciudad de Jerusalén, significa *"Salva ahora"*.

Así es que, Jesús, al entrar a la ciudad de Jerusalén en aquel primer domingo resaltado en la Escrituras y que conocemos como: Domingo de Ramos, no solo se presentó como el profeta de Dios cumpliendo las profecías antiguotestamentarias, sino que también lo hizo como el Salvador prometido. ¡Jesucristo es Rey y el Salvador del Mundo!

¡Amén!

LA ÚLTIMA CENA

"El primer día de la fiesta en que se comía el pan sin levadura, los discípulos se acercaron a Jesús y le preguntaron: —¿Dónde quieres que te preparemos la cena de Pascua? Él les contestó: —Vayan a la ciudad, a casa de Fulano, y díganle: 'El Maestro dice: Mi hora está cerca, y voy a tu casa a celebrar la Pascua con mis discípulos'. Los discípulos hicieron como Jesús les había mandado, y prepararon la cena de Pascua".

Mateo 26: 17-19, (DHH).

INTRODUCCIÓN.

Como todo un judío que era Jesús de Nazaret, fue a la fiesta llamada La Pascua. También es llamada la Fiesta de los Panes sin levadura. Esta era "una fiesta que duraba una semana y se conmemoraba del 15 al 21 del mes de Nisán – este mes corresponde en nuestro calendario a los días finales de marzo y principios de abril – Juntamente con esta fiesta, en el primer día se celebraba La Pascua".[46] Dentro de todas las fiestas judías, la Pascua era una de las más importantes. Así que tenemos que preguntarnos; ¿Qué era y qué significaba la Pascual? En muy breve resumen decimos que: "Para la religión judía, la Pascua (también conocida como *Pésaj* por su nombre en hebreo) es una festividad solemne que celebra la libertad del pueblo hebreo de la esclavitud de Egipto, relatada en el libro del Éxodo, en el Antiguo Testamento de la Biblia".[47]

En base a esta fiesta y la participación de Jesucristo en esta última fiesta judía durante su vida terrenal, debemos hacernos algunas preguntas, tres de ellas son:

I.- ¿DÓNDE QUIERES QUE TE PREPAREMOS LA CENA DE PASCUA?

Esta es la pregunta de los discípulos que le hacen a Jesús. Ellos sabían que Su Maestro, como un buen judío que lo era, celebraría esta importante fiesta y, por eso, le hacen esta pregunta: ¿Dónde quieres que te preparemos la cena de Pascua? Estaban dispuestos a servir a Su Señor en todo lo que el necesitara.

Para reforzar la historia de la práctica de la pascua, recordemos que: "La pascua comenzaba con la cena ritual, poco después del ocaso que daba inicio al quinceavo día del mes de Nisán (los judíos contaban los días a partir del ocaso).

---

[46]   Comentario de pie de página en la *Biblia de Estudio Esquemática*. (Brasil. Sociedades Bíblicas Unidas. 2010), 1434.

[47]   Religión y espiritualidad. *Significado de Pascua judía. Qué es Pascua judía.* (La Habra, California. Internet. Consultado el 29 de junio del 2021), ¿? https://www.significados.com/pascua-judia/

El principal alimento en la cena pascual era el cordero; este tenía que haber sido sacrificado en el Templo conforme a la ley, en la tarde del catorceavo día, por lo cual es probable que todos los peregrinos procurasen llegar uno o dos días antes para hacer los preparativos".[48] Esto quiere decir que Jesús, desde el martes de *La Ultima Semana* de su vida terrenal ya se encontraba en los linderos de la ciudad de Jerusalén. De acuerdo con el Evangelio de Mateo, Jesús se encontraba en Betania.[49] Era un pueblo muy cerca de Jerusalén: "Betania era un pueblo en la ladera del monte de los Olivos, a unos 3.2 kilómetros de Jerusalén. Era el hogar de María, Marta y Lázaro".[50]

Es interesante notar que a pesar de todas las problemáticas políticas, sociales y religiosas por las que el pueblo de Israel había pasado, Jerusalén, seguía siendo la ciudad amada. A ella acudían de todos lados para celebrar la pascual, era un tiempo de fiesta alegre y solemne al mismo tiempo. Al finalizar la fiesta pascual, se recitaba parte del Salmo 128 para despedir a los peregrinos. Era una bendición que todos esperaban escuchar antes de regresar a sus hogares. Una bendición que dice: "¡Que el Señor te bendiga desde el monte Sión! ¡Que veas el bienestar de Jerusalén todos los días de tu vida! ¡Que llegues a ver a tus nietos! ¡Que haya paz en Israel!".[51]

Para Jesucristo, también la ciudad de Jerusalén era muy apreciada, y, en *La Ultima Semana* de su vida terrenal llegó a ella para entregar su vida por sus habitantes. Recordemos

---

[48]   Gonzalo Ang. (director). Reader's Digest. *Jesús y su Tiempo. La peregrinación de pascual.* (México. Rider's Digest México S.A. de C.V. 2000), 120.

[49]   Mateo 26:6.

[50]   Comentario de pie de página en la *Biblia NVI de Estudio Arqueológica: Un viaje ilustrado a raves de la cultura y la historia bíblicas.* (Miami, Florida. Editorial Vida. 2009), 1640.

[51]   Salmo 128:5-6, (DHH).

aquel lamento de Jesús que, meses antes de La Ultima Semana de su vida terrenal, hizo en relación con la ciudad amada. Él había dicho: "¡Jerusalén, Jerusalén, que matas a los profetas y apedreas a los mensajeros que Dios te envía! ¡Cuántas veces quise juntar a tus hijos, como la gallina junta sus pollitos bajo las alas, pero ustedes no quisieron!"⁵² ¡Era la ciudad amada! Y es sobre esta ciudad que Jesús había expresado "su gran anhelo de cuidar y proteger a Jerusalén como la gallina se preocupa por sus polluelos... ¿Existe acaso una imagen más tierna que ésta? Sin embargo, los polluelos no quisieron quedarse en el nido".⁵³

Así que, cuando los discípulos le preguntaron: "—¿Dónde quieres que te preparemos la cena de Pascua? Él les contestó: —Vayan a la ciudad, a casa de Fulano, y díganle: 'El Maestro dice: Mi hora está cerca, y voy a tu casa a celebrar la Pascua con mis discípulos'." La fiesta de la pascua en La Ultima Semana de la vida de Jesucristo necesitaba del Cordero de Dios que les daría la verdadera libertad, no la política, pues esta es temporal, sino la libertad de los pecados. Esta libertad que Jesucristo ofreció durante su ministerio y que la confirmó en la Fiesta de Pascua en Jerusalén, fue una liberación para tener la vida eterna a pesar de que "los polluelos – es decir, los habitantes de Jerusalén -, no apreciaron al Cordero de Dios.

Ahora, mi estimado hermano, mi estimada hermana en Cristo y tú mi amigo y amiga, ya no tienes que preparar un lugar para celebrar la pascua con Jesucristo, lo que tienes que preparar es tu corazón o tu vida para recibir a Jesucristo en tu corazón. Si esto haces, entonces, ¡tendrás una verdadera Cena

⁵² Lucas 13:34, (DHH).

⁵³ Darrell L. Bock. *Comentarios Bíblicos con Aplicación: LUCAS. Del texto bíblico a una aplicación contemporánea.* (Miami, Florida. Editorial Vida. 2011), 349.

Pascual con Jesucristo! ¡tendrás un verdadero compañerismo con Jesucristo!

II.- ¿QUÉ SIGNIFICAN LAS PALABRAS DE JESÚS CUANDO DIJO: "MI TIEMPO ESTÁ CERCA"?

Con el trasfondo de liberación, los siete días que duraba esta fiesta, el pueblo se gozaba pensando en su pronta liberación del poder romano. Durante los siete días que duraba la fiesta, en el aire de la ciudad de Jerusalén se percibía el anhelo de la liberación. Y, en esta última cena pascual de Jesús durante su ministerio terrenal, el anhelo de la liberación, ahora del pecado, estaba a unas horas de ser una realidad: ¡El Mesías que los libraría estaba en Jerusalén!

Así que, cuando Jesús dijo que su tiempo estaba cerca, creo que Jesús, en su soberana omnisciencia sabía perfectamente que su tiempo de Ministerio terrenal presente en forma humana había llegado a su fin, era, ¡*La Ultima Semana* de Su vida en esta tierra como ser humano! Esto es que, hablamos de su omnisciencia. Y cuando tocamos este tema, entonces, debemos de reconocer que solo Dios puede saber los tiempos y eventos exactos; estoy diciendo que si Jesús sabía que su tiempo de vida terrenal había llegado es, porque, ¡Él es Dios!

No dudamos en absoluto de que Jesús era una persona de carne y hueso como cualquier otro ser humano, pero, además era y ES un ser divino que, a diferencia de los seres humanos, el conoce muy bien los tiempos y los sucesos no así el ser humano que, su conocimiento es muy limitado, no sabe aún como terminara el día en el que está viviendo. El Predicador, hablando del conocimiento del ser humano, dijo: "Por otra parte, nunca sabe nadie cuándo le llegará su hora: así como los peces quedan atrapados en la red y las aves en la trampa, así también el hombre, cuando menos lo espera, se ve atrapado en un mal momento".[54] Pues bien, los discípulos le habían preguntado en donde le gustaría celebrar la Cena Pascual. Cuando Jesús les contesto su pregunta, entonces: "Los discípulos hicieron como Jesús les había mandado, y prepararon la cena de Pascua".[55] Cuando todo estaba listo, según la costumbre, Jesús se sentó junto a la mesa con los Doce, allí también estaba Judas, Jesús no lo hizo a un lado, no lo avergonzó, no lo regañó por el mal uso de las ofrendas, no reveló las intenciones de Judas que, sin duda, Jesús las sabía, por eso les dijo que uno de ellos lo iba e entregar y, tampoco lo corrió del compañerismo de aquella última noche pascual. ¡Jesucristo no discrimina a nadie! Todos los seres humanos son de suma importancia para él. Jesús murió para toda raza del mundo "para que todo aquel que crea en él, no se pierda, sino que tenga vida eterna". Es decir que, el Cordero de Dios que estaba por ser crucificado, garantizaba una salvación o liberación espiritual para toda aquella persona que, por fe, lo recibiera en su corazón como su Señor y Salvador personal.

"Según la ley, habían de *tomar un cordero por familia*; los discípulos de Cristo eran su familia",[56] y Judas era parte de ella. ¡Nunca Jesús hizo diferencia entre Su Familia! Había muy cerca en el corazón de Jesús una espada que estaba lista para atravesarle y, aun así, su familia era de suma importancia. No importa quien seas y que pienses de Jesucristo, el ha hecho y seguirá haciendo todo lo necesario para mantenerte o atraerte a su familia.

---

54   Eclesiastés 9:12, (DHH).

55   Mateo 26:19, (DHH).

56   Matthew Henry. *Comentario Exegético-Devocional a toda la Biblia: Mateo*. Td. Francisco Lacueva. (Terrassa (Barcelona), España. Editorial CLIE. 1984), 503.

III.- ¿CUÁLES SON LAS DIFERENCIAS ENTRE LA PASCUA DE EGIPTO Y LA DE JERUSALÉN?

Por el relato bíblico del Exodo y también por la historia del pueblo de Israel, sabemos que: "La pascua celebraba la liberación del pueblo judío de su ancestral esclavitud, y *Pesaj*, el nombre de la fiesta se derivaba de la promesa de Dios",[57] hecha en Exodo 12:12-14, que dice: "Esa noche yo pasaré por todo Egipto, y heriré de muerte al hijo mayor de cada familia egipcia y a las primeras crías de sus animales, y dictaré sentencia contra todos los dioses de Egipto. Yo, el Señor, lo he dicho. La sangre les servirá para que ustedes señalen las casas donde se encuentren. Y así, cuando yo hiera de muerte a los egipcios, ninguno de ustedes morirá, pues veré la sangre y pasaré de largo. Éste es un día que ustedes deberán recordar y celebrar con una gran fiesta en honor del Señor. Lo celebrarán como una ley permanente que pasará de padres a hijos".[58]

Con este trasfondo histórico y literario, notamos por lo menos cuatro diferencias entre la pascua de Egipto y la que celebró Jesucristo en la ciudad de Jerusalén. Estas cuatro diferencias son:

A.- La muerte de los primogénitos humanos y animales. Aquella noche de pascual en Egipto, tenía una sentencia divina que decía: *"...* heriré de muerte al hijo mayor de cada familia egipcia y a las primeras crías de sus animales".[59] Aquella noche pascual en Egipto, se cumplió la sentencia. La Biblia dice que; "A medianoche el Señor hirió de muerte al hijo mayor de cada familia egipcia, lo mismo al hijo mayor

---

[57] Gonzalo Ang. (director). Reader's Digest. *Jesús y su Tiempo. La peregrinación de pascual.* (México. Rider's Digest México S.A. de C.V. 2000), 121.

[58] Exodo 12:12-14, (DHH).

[59] Exodo 12:12.

del faraón que ocupaba el trono, que al hijo mayor del que estaba preso en la cárcel, y también a las primeras crías de los animales".[60] En la celebración de la Fiesta Pascual en Jerusalén, solo uno murió, Jesucristo fue el único Cordero de Dios que entregó su vida. La entregó en rescate de la humanidad. En la Fiesta Pascual celebrada por Jesucristo en Jerusalén; ¡Solo murió el unigénito y al mismo tiempo el primogénito del Señor Todopoderoso!

B.- Cumplimiento profético. Años atrás, cuando Jesús fue presentado en el Templo de Jerusalén, se presentaron dos personajes que, con su espíritu profético anunciaron parte de los eventos de *La Ultima Semana* de la vida de Jesús en esta tierra. El relato que el Doctor Lucas hace sobre lo acontecido en aquel día dice:

"En aquel tiempo vivía en Jerusalén un hombre que se llamaba Simeón. Era un hombre justo y piadoso, que esperaba la restauración de Israel. El Espíritu Santo estaba con Simeón, y le había hecho saber que no moriría sin ver antes al Mesías, a quien el Señor enviaría. Guiado por el Espíritu Santo, Simeón fue al templo; y cuando los padres del niño Jesús lo llevaron también a él, para cumplir con lo que la ley ordenaba, Simeón lo tomó en brazos y alabó a Dios, diciendo:

'Ahora, Señor, tu promesa está cumplida: puedes dejar que tu siervo muera en paz. Porque ya he visto la salvación que has comenzado a realizar a la vista de todos los pueblos, la luz

---

que alumbrará a las naciones y que será la gloria de tu pueblo Israel.» que Simeón que en ese entonces era sumo sacerdote El padre y la madre de Jesús se quedaron admirados al oír lo que Simeón decía del niño. Entonces Simeón les dio su bendición, y dijo a María, la madre de Jesús: —Mira, este niño está destinado a hacer que muchos en Israel caigan o se levanten. Él será una señal que muchos rechazarán, a fin de que las intenciones de muchos corazones queden al descubierto. Pero todo esto va a ser para ti como una espada que atraviese tu propia alma".[61]

Simeón hizo referencia al rechazó que Jesús sufriría en su Ministerio Terrenal y que le llevaría a la cruz del Calvario, un acto que, para su madre María, sería tan doloroso como una espada que estaría atravesando su propia alma. Cuando el escritor sagrado habla de que una espada traspasara el alma de María, entonces, pues, hace referencia a que: "Este será el resultado del rechazo del Mesías por parte de Israel (Jn 18:25)".[62] Esta también fue la misma espada que Jesús sentía muy cerca de su corazón aquella noche pascual mientras cenaba con sus discípulos.

Entonces, en aquella noche pascual, el Señor Jesús mientras estaba sentado junto a la mesa con los Doce, en cumplimiento de las palabras proféticas de Simeón, se presentó como el Cordero de Dios. Jesucristo era el Mesías, era aquel

---

[61] Lucas 2:33-35, (DHH).

[62] Comentario de pie de página en la *Biblia de Estudio Esquemática*. (Brasil. Sociedades Bíblicas Unidas. 2010), 1493

niño que esperaba Simeón que salvaría a la humanidad de sus pecados. En el aposento Alto allí en la ciudad amada, Jerusalén, Jesús estaba allí, rodeado de sus discípulos a pocas horas de consumarse la Redención, es decir, a pocas horas de que Jesús, como el Cordero Pascual, fuese sacrificado para dar la libertad del pecado.

El Evangelista Lucas dice que: "También estaba allí una profetisa llamada Ana, hija de Penuel, de la tribu de Aser. Era ya muy anciana. Se casó siendo muy joven, y había vivido con su marido siete años; hacía ya ochenta y cuatro años que se había quedado viuda. Nunca salía del templo, sino que servía día y noche al Señor, con ayunos y oraciones. Ana se presentó en aquel mismo momento, y comenzó a dar gracias a Dios y a hablar del niño Jesús a todos los que esperaban la liberación de Jerusalén".[63]

Los judíos anhelaban la liberación del poder romano y, sin embargo, estaba allí, entre ellos, el que les podía dar la mejor libertad, la libertad de la que el profetiza Ana había hecho mención, aunque, al parecer por la historia bíblica, los habitantes de Jerusalén, o no entendieron las profecías de Simeón y Ana o, no las aceptaron como válidas para sus intereses personales.

C.- Diferente menú. De acuerdo con el relato del libro del Éxodo, el menú de aquella noche de pascua fue carne de cordero azada y como vegetales hiervas amargas. La indicación divina fue: "Deberán comer la carne esa misma noche, asada al fuego y acompañada de hierbas amargas y pan sin levadura".[64] La razón de que comiesen la carne del cordero acompaña de hierbas amargas fue: "Para recordarles

---

63   Lucas 2:36-38, (DHH).
64   Exodo 12:8, (NVI).

la vida amarga que tuvieron como esclavos en Egipto (Ex 1:14, RV)".[65]

Al parecer, el menú de la Cena Pascual en la que participó Jesucristo fue un poco diferente. Se cree que: "Este plato contenía una salsa hecha a base de frutas, vinagre y especies, y en él se mojaba el pan antes de comer".[66] Esta es la razón por la cual Jesús había dicho: "Mientras estaban a la mesa, comiendo, Jesús les dijo: —Les aseguro que uno de ustedes, que está comiendo conmigo, me va a traicionar. Ellos se pusieron tristes, y comenzaron a preguntarle uno por uno: —¿Acaso seré yo? Jesús les contestó: —Es uno de los doce, que está mojando el pan en el mismo plato que yo".[67]

Con el tiempo, la festividad de la Pascua judía ha sido un poco modificada, pues en nuestra época, en la tradición judía, el menú pascual se diferencia un poco de las dos noches de pascual: La de Egipto y en la que participó Jesucristo. En la tradición judía: "La primera noche de Pascua se celebra una cena familiar llamada séder de Pésaj. La cena séder Pésaj consiste en hacer una comida en la cual tradicionalmente se come pan ácimo o matzá, que fue del que se alimentaron los hebreos durante su travesía en el desierto, además de otros platos, como la pata de cordero, huevo cocido, hierbas amargas, entre otras cosas, y se realizan varios brindis. En la mesa, además, hay siempre una copa y un lugar extra para el profeta Elías".[68]

Comentario de pie de página en la *Biblia de Estudio Esquemática*. (Brasil. Sociedades Bíblicas Unidas. 2010), 114.

Comentario de pie de página en la *Biblia de Estudio Esquemática*. (Brasil. Sociedades Bíblicas Unidas. 2010), 1434.

Marcos 14:18-20, (DHH).

Significados: *Significado de Pascua judía: Séder Pésaj.* (La Habra, California. Internet. Consultado el 14 de julio del 2021), ¿? https://www.significados. com/pascua-judia/

D.- Diferente propósito. La pascua de Egipto fue para una liberación del poder del imperio egipcio. En aquel tiempo, los esclavos israelitas tomaron un cordero de la manada y lo conservaron en casa por cuatro días. La Biblia dice que Dios les indicó a Moisés y Aaron que le dijeran a toda la comunidad de Israel que: "... el día décimo de este mes todos ustedes tomarán un cordero por familia, uno por cada casa. Si alguna familia es demasiado pequeña para comerse un cordero entero, deberá compartirlo con sus vecinos más cercanos, teniendo en cuenta el número de personas que sean y las raciones de cordero que se necesiten, según lo que cada persona haya de comer. El animal que se escoja puede ser un cordero o un cabrito de un año y sin defecto, al que cuidarán hasta el catorce del mes, día en que la comunidad de Israel en pleno lo sacrificará al caer la noche".[69]

Al parecer, cada familia o grupos de familias mataron en sus casas al cordero que habían seleccionado de la manada cuatro días antes de la Noche de Pascua. Lo mataron en la tarde del día catorce del mes de Nisán "al caer la noche". Esa misma tarde, ya anocheciendo, lo asaron y se lo comieron acompañado de hierbas amargas. Fue una noche muy larga, nadie durmió aquella noche, después de cenar, el pueblo escuchó los gritos y los lamentos de los vecinos egipcios porque sus hijos primogénitos, a la media noche fueron asesinados por "el destructor" – "El heridor" -.[70]

El propósito de aquella primera pascua en Egipto fue poner fin a la esclavitud egipcia y sacar al pueblo Israelita del imperio que lo tenía esclavizado para llevarlo a una tierra en donde fluía leche y mil; era una tierra que Dios les prometió

---

69 Exodo 12:3-6, (NVI).
70 Exodo 12: 23, (DHH).

como su nueva patria. La pascual judía fue, entonces, una liberación política y social.

En la pascua que celebró Jesucristo, el mismo fue el Cordero de Dios que se había ofrecido desde antes de la misma creación del universo como el Redentor de la futura humanidad.[71] Podemos decir que el Padre Dios escogió a Jesús desde antes de la fundación del mundo para que, en la fiesta de Pascual, fuese sacrificado en beneficio de la humanidad, así como el cordero en Egipto fue sacrificado para alimentar y preparar al pueblo israelita para un viaje a una nueva patria, así mismo, Jesús, fue sacrificado en aquella pascua de *La Ultima Semana* de vida de Jesús sobre esta tierra para rescatarnos de este mundo malo y llevarnos a Su Reino Celestial.

También fue una noche muy larga, Jesucristo no durmió aquella anoche. No sabemos exactamente a qué hora "el heridor" o los soldados arrestaron a Jesús y de allí en adelante, todo fue lamento, gritos y tristeza por causa del arresto, el injusto juicio hecho a Jesús y su cruel crucifixión.

Así que, el propósito de la última cena en la que participó Jesús en su *Ultima Semana* terrenal fue proveer la salvación eterna a toda la humanidad. Recordando siempre que, no todos "los polluelos se quedaron en el nido". Es decir que, aunque la Redención hecha por Jesucristo es para toda la humanidad, no toda es redimida; solo los que creen en Jesucristo y le aceptan como su Señor y Salvador de sus vidas.

---

[71]   Efesios 1:4.

CONCLUSIÓN.

¡Bendita última cena pascual en la cual participó Jesucristo! Allí, con éstas tres grandes preguntas: I.- ¿Dónde quieres que te preparemos la cena de Pascua?, II.- ¿Qué significan las palabras de Jesús cuando dijo: "Mi tiempo está cerca"? Y, III.- ¿Cuáles son las diferencias entre la pascua de Egipto y la de Jerusalén?, con estas tres preguntas nos damos cuenta de que en: La última cena pascual, el Cordero de Dios, el cual había sido escogido desde antes de la fundación del mundo ERA y FUE y ES el Salvador de toda la humanidad. Todo el ritual de la Fiesta de Pascua se resume en una sola persona: Jesucristo. El Cordero de Dios que fue sacrificado al ser colgado de una cruz para que tú y yo podamos caminar con libertad hacia la Patria Celestial.

Ahora, con mayor autoridad, Jesucristo, el Cordero de Dios, te dice: "Yo soy el camino, la verdad y la vida; nadie puede ir al Padre si no es por medio de mí".[72] Jesucristo es el único Dios que se ha dejado asesinar por el bien de la humanidad, por consiguiente, es el UNICO Dios que te puede salvar de todos tus pecados.

---

[72]   Juan 14:6, (NTV).

EL ARRESTO DE JESÚS

"Todavía estaba hablando Jesús cuando llegó Judas, uno de los doce. Lo acompañaba una gran turba armada con espadas y palos, enviada por los jefes de los sacerdotes y los ancianos del pueblo. El traidor les había dado esta contraseña: 'Al que le dé un beso, ese es; arréstenlo'. En seguida Judas se acercó a Jesús y lo saludó.

— ¡Rabí! —le dijo, y lo besó. —Amigo —le replicó Jesús—, ¿a qué vienes?

Entonces los hombres se acercaron y prendieron a Jesús".

Mateo 26:47-50

INTRODUCCIÓN.

El Señor Jesucristo compartió una noche de compañerismo con sus discípulos aquella noche del jueves de *La Ultima Semana* de la vida terrenal de Jesús. Ahora bien, lo que vamos a escuchar o a leer en estos días no es nada agradable. Es algo sangriento y cruel; es algo ilógico e injusto; es desagradable y tormentoso. Aun así, fue el plan del Señor para cumplir con el ministerio de la salvación de la perdida humanidad; fue y es el Plan salvífico, hecho por el mismo Dios.

Entendemos que: "Un Mesías crucificado era una anomalía para las expectativas comunes de los judíos, pero se convirtió en uno de los factores históricos fundamentales en la predicación y la enseñanza de la Iglesia Primitiva. Un Mesías crucificado también puede parecer algo anómalo para la gente moderna, cristiana y no cristiana por igual, que quiere una clase más sintetizada de 'buenas nuevas'."[73]

En la última semana de vida terrenal de Jesucristo, encontramos el relato de su arresto en el monte de los Olivos, mientras se encontraba en compañía de sus discípulos. Lo que podemos aprender de los textos que hemos leído, es que, en primer lugar:

I.- TODOS CONTRA JESUCRISTO.

¿Han ustedes escuchado la expresión "montoneros"? Bueno, en la Biblia no aparece esta expresión, pero sí la acción. Los evangelios narran muy seguido que los fariseos, los saduceos, los escribas, los esenios y los herodianos, estos dos últimos casi no lo hicieron abiertamente como lo hicieron los fariseos, los saduceos y los escribas, en los relatos de los evangelios, los encontramos siempre acompañados, nunca solos, haciendo preguntas o calumniando a Jesús: ¡Fueron unos montoneros!

Jesús, estaba dando a sus discípulos las últimas instrucciones. Fue allí donde les dijo que había llegado la hora

[73]   Michael J. Wilkins. *Mateo: Comentario Bíblico con Aplicación; del texto bíblico a una aplicación contemporánea*. (Nashville, Tennessee. Editorial Vida. 2016), 856.

en que el pastor sería herido y las ovejas serían desparramadas. Pedro, le dijo que él no se iba a escandalizar. Creo que puedo poner estas palabras en la boca de Pedro: "Señor, aunque todos te abandonen, yo nunca lo haré". La respuesta concreta de Jesús, lo dejó con la boca cerrada. Pedro, esta misma noche tú me vas a negar tres veces.

Ahora noten lo que dice la Biblia: "Todavía estaba hablando Jesús, cuando Judas, uno de los doce discípulos, llegó acompañado de mucha gente armada con espadas y con palos".[74] ¿Cómo se le llama a esta acción? Como tú quieras llamarla, pero yo le llamo: ¡Montoneros! Judas con mucha gente contra uno llamado Jesús.

¿Lo notaron? La Biblia dice que llegó Judas "acompañado de mucha gente"; es decir que no eran soldados, sino gente del pueblo. ¿Por qué digo que no eran soldados? Porque las armaduras que llevaban eran espadas y palos; espadas que cualquiera las podía cargar. Pedro, el discípulo de Jesús, tenía una. Los soldados romanos no usaban palos para pelear.

Entre esa "mucha gente", estaban los guardias del Templo, que, con toda seguridad, eran ellos los que traían las espadas. Eran los guardianes y criados del sumo sacerdote. Todos ellos eran judíos. Así que, tanto los guardias del templo como los hombres revoltosos que, seguramente fueron contratados por el sumo sacerdote, todos estaban contra Jesucristo. ¡Montoneros!

Jesús es llevado ante Pilato, quien era el Gobernador, y el que debería de haber mandado a sus soldados para arrestar a Jesús, si este había cometido algún delito. Pilato, no lo arrestó. Él le dijo acertadamente a Jesús: "Los de tu nación y

---

[74]   Mateo 26; 47a, (DHH).

los jefes de los sacerdotes son los que te han entregado a mí. ¿Qué has hecho?".[75] ¿Qué había hecho? ¡Predicarles sobre la verdad que se encuentra en las Escrituras! Y que, por cierto, Pilato, al igual que los judíos, tampoco quiso escuchar la verdad de la boca del UNICO y Verdadero Dios.[76] ¿Será posible que Jesucristo haya sido preso nuevamente, pero ahora en Estados Unidos de América? Me temo que sí. Cuando vemos las leyes sobre el aborto, las libertades a la santería y a la brujería; cuando se han puesto fuera del alcance del público los "Diez Mandamientos"; cuando se ha prohibido la oración a Jesucristo en los lugares públicos e instituciones como las escuelas, aunque otros grupos si pueden orar a sus dioses en público, pero no a Jesucristo; cuando se prohíbe la lectura de la Biblia en instituciones gubernamentales; cuando tenemos el anuncio de iglesias que serán cerradas por no cumplir con las demandas del gobierno; cuando está en puerta el posible encarcelamiento de pastores que se nieguen a celebrar matrimonios del mismo sexo; cuando escuchamos que los llamados "sabios" de este mundo dicen que los cristianos tenemos una mente retrograda y, cuando se comienza a anunciar que hay que dejar de predicar sobre el pecado y sus efectos desastrosos. Cuando vemos y escuchamos todo esto, se puede decir que, ¡Han vuelto a arrestar a Jesucristo!

---

[75]   Juan 18:35, (NVI).
[76]   Juan 18:38

II.- "QUE NO ESCAPE".

Mi padre fue una persona muy introvertida. En su manera de ser, cuando llegaban visitas a nuestra casa, si mi hermano Israel o yo hablábamos muy fuerte o que comiéramos muy rápido delante de las visitas, muy disimuladamente, sin decir una palabra, nos hacía una seña. Teníamos que acatar la seña porque de lo contrario sabíamos que cuando se fuera la visita recibiríamos el castigo pertinente.

Judas Iscariote al parecer también le gustaba hacer señas sin hablar. Les dijo a su acompañantes al Huerto de Getsemaní: "a mi señal" .... "Judas, el traidor, les había dado una contraseña, diciéndoles: 'Al que yo bese, ése es; arréstenlo'."[77]

La orden de Judas fue, primeramente: "No se confundan. Al que yo bese, 'ese es'." Judas tuvo mucho tiempo para planear el arresto de su Maestro. Era de noche, así que sería muy probable que la chusma se equivocara y tomara algunos de los discípulos mientras Jesús escapaba. La otra posibilidad, parece ser que Judas no quería el arresto de sus amigos, su meta era arrestar a Jesús para que se cumpliera su propósito. Judas quería que Jesús comenzara una especia de Guerra Civil para que comenzara el Reino de Dios, allí en Jerusalén.

Podría decir que su expresión: "Que no escape", fue con buena intensión. No todas las buenas intenciones son "buenas", valga la Re abundancia. No todo lo que tú crees que es bueno para ti, para tu familia, para tu iglesia o para tu pastor es bueno. Cuando el Doctor John F. Hall estaba estudiando en la Facultad de Medicina, en uno de los exámenes apareció una pregunta que decía: "El insecticida, ¿es bueno o malo para las moscas?" Su respuesta fue que era bueno. Respuesta

---

[77] Mateo 26:48, (DHH).

equivocada. Su profesor le dijo: "¡No es bueno, las mata!" No toda buena intención es "buena". En segundo lugar, Judas les dice a los amantes de la crueldad: "Arréstenlo". Judas, quien había caminado con Jesús por diferentes lugares, sabía que se podía escapar. Ya lo había hecho en otras ocasiones. Es posible que Judas recordó el incidente en Nazaret. Un día llegó Jesús a su pueblo. "Generalmente, Jesús era bien recibido en Galilea (Lucas 4:15), pero en Nazaret fue rechazado, y hasta quisieron matarlo".[78] Aquel día, entró en la sinagoga de Nazaret, les leyó el pasaje de Isaías 61:1-2 y, luego dijo que en ese día se estaba cumpliendo la Escritura. Después de un pequeño discurso, los oyentes se enojaron por lo que estaban escuchando. El relato bíblico, dice: "Al oír eso la gente de la sinagoga se puso furiosa. Se levantaron de un salto, lo atacaron y lo llevaron a la fuerza hasta el borde del cerro sobre el cual estaba construida la ciudad. Querían arrojarlo por el precipicio, pero él pasó por en medio de la multitud y siguió su camino".[79]

Así que lo que vemos en la acción de Judas es que, "con el beso, no solo intentaba identificarlo, sino también retenerle lo suficiente para que los que venían con él pudieran prenderle con toda seguridad".[80]

---

[78]   Comentario en la Biblia de Estudio Esquematizada. (Brasil. Sociedades Bíblicas Unidas. 2010), 1498

[79]   Lucas 4:28-30, (NTV).

[80]   Matthew Henry. *Mateo: Comentario exegético-devocional a toda la Biblia.* Td. Francisco Lacueva. (Terrassa (Barcelona), España. Editorial CLIE. 1984), 516.

III.- HECHO PRISIONERO PARA DARNOS LIBERTAD.

En el monte de los Olivos, en donde se encontraban Jesús y sus discípulos, aquella noche de su arresto, cuando llegó la gente que lo arrestó, sucedió algo sumamente interesante; algo que solo Juan lo registró. Cuando la gente se le acercó, Jesús les preguntó: "¿A quién buscan?" "Buscamos a Jesús nazareno", le dijeron. La respuesta de Jesús fue: "Yo soy". Cuando Jesús dijo esta respuesta, los agresores "retrocedieron, y cayeron a tierra".[81]

Cuando se pusieron de pie, Jesús, vuelve a decirles: "— Ya les dije que Yo Soy.... Ya que soy la persona a quien buscan, dejen que los demás se vayan". Sus mentes estaban tan cegadas por el odio que no se dieron cuenta de que Jesús tenía todo el control; Él podría haberse escapado frente a ellos. Era de noche y Jesús tenía amigos que lo podían ocultar. Un amigo le prestó la burra para entrar a Jerusalén, otro le prestó el Aposento Alto para celebrar la Pascual. Así que otro o alguno de ellos le podrían ocultar de los perseguidores. ¡Pero no lo hizo! ¡Jesús no escapó! Jesús tenía un plan y un ministerio que cumplir. Se hizo ser prisionero; se dejó atrapar para darnos libertad.

"Todos sus pasos durante los últimos días dejan bien claro que Jesús entregó Su vida, y que nadie Se la quitó. Jesús no murió porque los hombres Le mataron, sino porque Él escogió morir".[82] ¿Por qué lo hizo? Noten lo que sigue diciendo el relato bíblico: "Lo hizo para que se cumplieran sus propias palabras: 'No perdí ni a uno solo de los que me

---

[81]   Juan 18:4-6

[82]   William Barclay. *Comentario al Nuevo Testamento: Volumen 2: MATEO: II*. Trd. Alberto Araujo. (Terrassa (Barcelona), España. Editorial CLIE. 1997), 405.

diste'."[83] "Jesús aceptó Su muerte voluntariamente",[84] para darnos libertad del pecado y de la muerte.

De este incidente surge la siguiente pregunta: ¿Quiénes son los libres de cualquier culpa del pecado? "Únicamente son libres los que él hace libres".[85] Jesucristo, dijo: "Así que, si el Hijo los hace libres, ustedes son verdaderamente libres".[86] Estas fueron palabras que ofendieron a los judíos, los cuales, a pesar de haber sido esclavos en Egipto; esclavos de los filisteos, cananeos y amorreos; esclavos en Babilonia y, en tiempos de Jesús, esclavos de Roma, aun así, decían que eran libres.

Cirilo, uno de los sabios de Jerusalén, dijo que José fue vendido para ser esclavo, pero él era libre, todo radiante de nobleza del alma. Tú puedes pensar que eres libre, pero, si estás practicando algo rutinario, ¡eres esclavo de eso! Al hablarles de la libertad y de la esclavitud, Jesús, estaba refiriéndose al pecado; a la práctica del pecado. "El que comete pecado – les dijo -, es esclavo del pecado".[87] Jesús pagó el precio del rescate de esa esclavitud. Él se hizo prisionero por nosotros.

CONCLUSIÓN.

Aunque todos estén contra Jesús, el sigue en control de la situación. Jesucristo nunca va a escapar de lo que tiene que hacer con el fin de protegernos. Cristo Jesús ha tomado

[83]   Juan 18:9, (NVI).

[84]   William Barclay. *Comentario al Nuevo Testamento: Volumen 2: MATEO: II.* Trd. Alberto Araujo. (Terrassa (Barcelona), España. Editorial CLIE. 1997), 405.

[85]   Matthew Henry. Mateo: Comentario exegético-devocional a toda la Biblia. Td. Francisco Lacueva. (Terrassa (Barcelona), España. Editorial CLIE. 1984), 517.

[86]   Juan 8:36, (NTV).
87 Juan 15:13, (NTV).
87

nuestro lugar; Él se dejó apresar para que nosotros fueran libres.

El que Jesús se dejara arrestar fue entro de Su plan Redentor. Recodemos que él había dicho: "El Padre me ama porque yo doy mi vida para volverla a recibir. Nadie me quita la vida, sino que yo la doy por mi propia voluntad. Tengo el derecho de darla y de volver a recibirla. Esto es lo que me ordenó mi Padre".[88] Así que el arresto de Jesús tiene otra gran lección para nosotros: ¡Su Gran Amor! Más tarde confirma esta verdad cuando dijo: "No hay un amor más grande que el dar la vida por los amigos".[89]

¡Ah, mis amados hermanos y hermanas! Jesucristo, allí, en el monte de los Olivos, en aquel Jardín del Getsemaní, nuestro Señor y Salvador, se dejó arrestar por amor a nosotros. Por eso y mucho más, Jesucristo; ¡Es nuestro Redentor!

¡Amén!

---

[88]   Juan 10:17-18, (DHH).

[89]   Juan 15:13, (NTV).

EL SILENCIO DE JESÚS

"Entonces, cuando los principales sacerdotes y los ancianos presentaron sus acusaciones contra él, Jesús guardó silencio. — ¿No oyes todas las acusaciones que presentan en tu contra? —le preguntó Pilato. Para sorpresa del gobernador, Jesús no respondió a ninguno de esos cargos".
Mateo 27:12-14, (NTV).

INTRODUCCIÓN.

Cuando Dios guarda silencio es aterrador. ¿Qué hacer cuando no tenemos una aparente respuesta de parte de Dios? Oramos, pedimos y suplicamos y aun citamos pasajes bíblicos y Dios, al parecer se encuentra tan lejos de nosotros que no nos escucha.

El compositor y cantante, Prieto Sánchez Oriol, en su canción titulada: El Silencio de Dios, dice:

Clamando al cielo busco una respuesta

Para esta sensación, para ese director de
orquesta
¿Cómo comentártelo si nunca me contestas?
Si a veces creo verte, pero ¿qué atención
me prestas?
Mansiones y palacios guardan siglos de
riqueza
Tu pureza se mancilla, quise verte en esa
orilla cuando rezas
Fruto de la angustia y de los nervios
Y lo único que llega es el silencio de
Dios".[90]

¡Ah, el silencio de Dios! ¿Alguna vez te has preguntado el por qué Dios guarda silencio? En este caso, ante la presencia del Gobernador Poncio Pilato, Jesús guardó silencio porque estaba dentro del:

I.- CUMPLIMIENTO PROFÉTICO.

Aunque algunos seres humanos se dan de topes contra la pared a causa de las profecías. Una cosa es muy cierta; Las profecías en cuanto al Mesías Cristo Jesús, fueron hechas por Dios y, es Dios mismo el que las cumple. Aun a pesar de la incredulidad de la raza humana; ¡Dios cumple lo que profetiza! Cuando El Señor dice que va a hacer algo. ¡Lo hace! A nadie le pide permiso para hacerlo. Cuando Él dijo por medio del profeta Isaías que, el Mesías cerraría su boca

---

[90]   Prieto Sánchez Oriol. *El Silencio de Dios*. (La Habra, California. Internet. Consultado el 5 de marzo del 2021), ¿? https://www.google.com/ search?q=el+silencio+de+dios&rlz=1C1GCEA_enUS764US764&oq=El+sile ncio+de+Dios&aqs=chrome.0.69i59j46j0l8.12327j0j15&sourceid=chrome&ie=UTF-8

ante las acusaciones y blasfemias de sus enemigos, Dios mismo lo cumplió en la persona de Jesucristo.

La profecía de Isaías dice: "Maltratado y humillado, ni siquiera abrió su boca; como cordero, fue llevado al matadero; como oveja, enmudeció ante su trasquilador; y ni siquiera abrió su boca".[91] En su arresto, Jesús es llevado ante las autoridades religiosas. Así que: "Los círculos oficiales han juzgado a Jesús y lo han declarado culpable de blasfemia, por lo que es sentenciado a la muerte".[92] Sin embargo, como ellos, no tienen la autoridad para imponer la pena de muerte, lo llevan ante Pilato, no para que lo juzgue, sino para que dicte la sentencia de muerte. En otras palabras, Jesucristo nunca tuvo un juicio correcto; los líderes religiosos de Jerusalén había decidido matarlo y para ello, se inventan un ridículo juicio; un juicio lleno de mentiras, saturado de odio religioso, y un juicio en contra de la tradición talmudista.

Los líderes judíos acusaron a Jesús de blasfemo. Pero, esta acusación no era válida como sentencia de muerte entre los romanos. Así que, para poder presentar a Jesús ante Pilato para que este le diera sentencia de muerte, tuvieron que inventar tres acusaciones que acreditaban la muerte ante las autoridades romanas.

La primera acusación fue que Jesús era un revolucionario; esta si tenía valides, aunque era una mentira. Muchos se habían revelado contra Roma y habían sido ejecutados. En la historia encontramos a los Macabeos, hombres judíos que se rebelaron contra roma y fueron ejecutados.

---

[91]   Isaías 53:7, (NVI).

[92]   Michael J. Wilkins. *Comentario Bíblico con Aplicación: MATEO: Del texto bíblico a una Aplicación Contemporánea*. (Nashville, Tennessee, USA. Editorial Vida. 2016), 871.

La segunda acusación fue que Jesús le decía al pueblo que no pagaran los impuestos; también era acusación valida, aunque también fue una mentira, nunca Jesús hizo tal cosa, al contrario, le dijo a Pedro que pagara los impuestos.[93] *La tercera acusación fue que Jesús se presentaba como un rey.* Esta también era válida, aunque esta fue una media verdad. Jesús sí era el rey pero él nunca dijo que lo era, siempre se presentó como el Hijo del hombre o como el Hijo de Dios o como el Siervo del Señor.[94] Pero no como un rey, aunque dijo que un día establecería su reino. Esta fue la razón por la cual su respuesta a Pilato, cuando le preguntó si él era rey, fue: *"Tú lo dices".*[95] Ser un rey judío estaba en contra de las leyes de los romanos. Sería considerado como un invasor sobre el poder romano.

Así que, inventaron "tres acusaciones políticas, mentiras conscientes, porque sabían que esa eran las únicas que podían obligar a Pilato a actuar".[96] Y, Jesús, quien sabía todo lo sucedido, guardó silencio. Un Soberano Silencio a tal grado que "el gobernador (Poncio Pilatos) se maravilló mucho".[97]

Aun hoy día, el Soberano Silencio de Dios nos deja con la boca abierta; nos deja pensativos; nos deja una incógnita para reflexionar sobre nuestra conducta; aun hoy día, ese silencio de Dios nos deja empapados de una gran bendición al cumplir toda profecía: El, Jesucristo, cerró su boca para que nosotros la abramos y publiquemos que aun en el Silencio de Dios, ¡El Señor tiene el control!

---

93   Mateo 17:27.

94   Marcos 2:10-11; 8:31; Lucas 9:22; Mateo 3:17; Juan 1:14; 14:13; Marcos 6:7; 10:45; 14:62

95   Mateo 27:11, (RV, 1960).

96   William, Barclay. *Comentario al Nuevo Testamento: Volumen 2: MATEO: II.* Trd. Alberto Araujo. (Terrassa (Barcelona), España. Editorial CLIE. 1997), 412.

97   Mateo 27:14, (RV, 1960).

II.- GUARDÓ SILENCIO ANTE LAS FALSAS ACUSACIONES.

Esta es la segunda vez que Jesús aparece ante Poncio Pilato. De acuerdo con el relato bíblico: "Primero, Jesús comparece ante Pilato (27:2, 11-14), a continuación, es enviado a Herodes Antipas (solo en Lucas 23:6-12) – el cual se burló de Jesús)-, y, finalmente se presenta por segunda vez ante Pilato, quien lo condena a muerte (Mat. 27:15-26)".[98]

En todo ese supuesto juicio que Pilato le hizo a Jesús, se puede notar que el Soberano Silencio de Jesús controlaba la sala del juicio. Ya lo había hecho en el falso y repugnante juicio ante los sumos sacerdotes Anás y Caifás. Noten lo que dice la Escritura: "Poniéndose en pie, el sumo sacerdote le dijo a Jesús: —¿No vas a responder? ¿Qué significan estas denuncias en tu contra? Pero Jesús se quedó callado. Así que el sumo sacerdote insistió: —Te ordeno en el nombre del Dios viviente que nos digas si eres el Cristo, el Hijo de Dios".[99]

¡Ah, el Bendito Silencio de Jesús! El catedrático y filósofo Alfonso López Quintás dice que giramos sobre cuatro niveles o realidades de la vida.

1er. *Nivel o realidad: los objetos.* Esto es el valor que le damos a las cosas y a los pensamientos.

2do. *Nivel o realidad: Las personas.* Es aquí en donde está la creatividad de las artes y obras culturales. Por la cuales pagamos enormes cantidades, como el nuevo celular.

---

[98] Michael J. Wilkins. *Comentario Bíblico con Aplicación: MATEO: Del texto bíblico a una Aplicación Contemporánea.* (Nashville, Tennessee, USA. Editorial Vida. 2016), 871.

[99] Mateo 26:62-63, (NVI).

3er. Nivel o realidad: Los valores. En este nivel se encuentra los valores, como el amor, el perdón, la felicidad, la fe, la pureza y la esperanza. *4to. Nivel o realidad: La Religión.* Este es el nivel del encuentro con Dios. Todos nos enfrentamos con Dios en un momento dado.[100]

Cada nivel tiene una respuesta, una lógica y una realidad. Por ejemplo, cuando hablamos del Cuarto Nivel; la Religión, nos encontramos, en este caso, con el silencio de Dios. A nivel de religión, ¿qué nos produce este Bendito Silencio? Es un silencio que incrementa la fe y la pasión hacia el Cristo Redentor. Su silencio nos dice que Dios respeta nuestra privacidad; ¿por qué? Porque quiere que le amemos voluntariamente.

En ese silencio divino notamos que, Jesús podía hacer cualquier milagro en ese instante, Él no estaba limitado de sus poderes milagrosos, y, sin embargo, Jesús nunca hizo un milagro en defensa suya, sino que los que hizo fue por amor a los demás. El Señor nunca se defendió de las falsas acusaciones por amor a ti y a mí. ¿Saben qué? ¡Esto es desconcertante!

¿Qué yo tengo que guardar silencio por algunas palabras que ustedes dicen y por algunas cosas que hacen porque los amó? ¡Esto es desconcertante para algunos! ¿Qué ustedes tengan que guardar silencio de algunas cosas que saben porque aman a Dios y a su pastor? ¡Esto también es desconcertante para otros!

---

[100] Alfonso López Quintás. *"La mirada profunda y el silencio de Dios".* (La Habra, California. Internet. Consultado el 5 de marzo del 2021), ¿? https://www.youtube.com/watch?v=AKeNmX5vfUI

Más desconcertante es cuando casi podemos oír a Jesucristo decir: "Yo me fío del Padre, porque Él es amor por excelencia. ¡Y, por eso guardo silencio!" ¡Ah, Bendito Silencio de Jesús! Él nunca se escandalizó del Padre. ¿Y saben qué? Dios Padre dio crédito al silencio de Jesús; ¡lo resucitó al tercer día! El Señor no lo hizo para vengarse, sino que lo hizo por amor a ti y a mí; ¡Por amor a la humanidad!

Ahora bien, ¡Cuidado! Dios nunca nos dijo que nos libraría del dolor. Este padecimiento, en ocasiones lo experimentamos dentro del Silencio de Dios. Jesús experimentó el dolor emocional y físico mientras escuchaba a sus acusadores y sentía los golpes de sus interrogadores. Pero aun en ese instante, guardó Silencio. ¡Esto es desconcertante!

III.- GUARDÓ SILENCIO ANTE LA CONFUSA AUTORIDAD.

La tercera acción divina que notamos en este relato bíblico es que Jesús guardó silencio ante los falsos acusadores. "Pilato estaba acostumbrado a que los prisioneros se acobardaran en su presencia, y le sorprendió que Jesús no pronunciara palabra ante quienes testificaban contra Él".[101] Ya he comentado sobre la profecía de Isaías 53:7, pues aquí está Jesús ante Pilato haciendo precisamente lo que dice la profecía. Jesús cumplió exactamente todo lo escrito acerca de Él. Jesús estuvo de pie delante de Pilato, en ese tiempo, su juez. "Nosotros no podríamos estar de pie delante de Dios a causa de nuestros pecados, si no fuera porque Cristo

---

[101]   Charles F. Stanley. Biblia Principios de Vida. (Nashville, Tennessee, USA. Grupo Nelson. 2010), 1097

fue hecho pecado por nosotros. Él fue procesado para que nosotros fueran absueltos".[102]

¿Qué es, pues, lo que notamos en este corto, pero muy significativo relato? Notamos que, "Jesús ha respondido a la pregunta inicial de Pilato y no necesita añadir nada más; por tanto, no contesta a los cargos inventados, y 'el gobernador se llena de asombro'."[103] Matthew Henry. Comentario Exegético-Devocional a toda la Biblia: Mateo. Td. Francisco Lacueva. (Terrassa (Barcelona), España. Editorial CLIE. 1984), 534. Pilato no pudo comprender el Soberano Silencio del que estaba frente a él.

Jesús sabía que, "Su hora había llegado y se sometió de todo corazón a la voluntad del Padre".[104] A Pilato le urgía una respuesta, pero Jesús le había dicho al Padre en su oración en Getsemaní; "No sea lo que yo quiero, sino lo que quieres tú".[105]

Sí, llegan esos momentos que, aunque estamos frente a frente con Dios, ¡Él no dice nada! Su Soberano Silencio nos llena de asombro. Son aquellos momentos en que le cuestionamos: Dios, ¿por qué no me das la respuesta que espero? ¿Señor, dónde está tu poder del que hace alarde las Escrituras? ¿Señor, me salvaste para luego ignorarme?

Creo que la actitud de Pilato nos ayuda para dar respuesta a estas preguntas. En el relato bíblico NO leemos que Pilato se enojó por no tener una respuesta que le urgía; tenía que dictar una sentencia y Jesús no se culpaba ni se defendía. El

[102] Matthew Henry. *Comentario Exegético-Devocional a toda la Biblia: Mateo.* Td. Francisco Lacueva. (Terrassa (Barcelona), España. Editorial CLIE. 1984), 534.

[103] Michael J. Wilkins. *Comentario Bíblico con Aplicación: MATEO: Del texto bíblico a una Aplicación Contemporánea.* (Nashville, Tennessee, USA. Editorial Vida. 2016), 872.

[104] Matthew Henry. *Comentario Exegético-Devocional a toda la Biblia: Mateo.* Td. Francisco Lacueva. (Terrassa (Barcelona), España. Editorial CLIE. 1984), 535.

[105] Mateo 26:39, (NVI).

silencio de Jesús aumentaba el desconcierto. ¿Qué debería de hacer? Estaba maravillado del silencio de Jesús.

Mientras estaba en esa situación crítica y maravillosa al mismo tiempo, le llega un mensaje de su esposa que le dice que no tenga nada que ver con ese hombre. ¡Va, qué ayuda de la esposa! Y, sin embargo, mientras Jesús sigue en silencio, "el gobernador se llena de asombro".[106]

¡Ah, nuestra mente finita y sentimientos turbados que no pueden entender ni escuchar el silencio de Dios! Jesús sabía que el juicio era una farsa y no estaba dispuesto a seguirles el juego. Si tú sabes que cuando te acusan es una acusación falsa; ¡Guarda silencio! El silencio tapa bocas y deja mal parados a los acusadores. El centurión y los otros soldados que estaban cuidando a Jesús durante la crucifixión, al ver y sentir los efectos de la muerte de Jesús; "quedaron aterrorizados por el terremoto y por todo lo que había sucedido".[107] Dentro de ese terror o espanto que estaban viviendo, reconocieron a quien habían crucificado y, entonces: "Dijeron: '¡Este hombre era verdaderamente el Hijo de Dios!'." [108]

¡Demasiado tarde! Jesús había cumplido las Sagradas Escrituras. Parte de estas Escrituras dicen que ahora es el tiempo de salvación que "el 'momento preciso' es ahora. Hoy es el día de salvación".[109] No esperes ser salvo otro día, quizás sea demasiado tarde. Hoy, Jesucristo deja su silencio a un lado y te dice: "Vengan, pongamos las cosas en claro —dice el Señor—. ¿Son sus pecados como escarlata? ¡Quedarán blancos como la nieve! ¿Son rojos como la púrpura? ¡Quedarán como la lana!"[110]

[106]   Mateo 27:14, (NVI).
[107]   Mateo 27: 54a, (NTV).
[108]   Mateo 27:54b, (NTV).
[109]   2 Corintios 6:2c, (NTV).
[110]   Isaías 1:18, (NTV).

El silencio de Jesús fue para perdonar tus pecados y los míos.

CONCLUSIÓN.

"Pilato fue un hombre que sintió el poder de Jesús – y tuvo miedo de someterse a Él. Hay todavía personas que tiene miedo de ser tan cristianos como saben que deben serlo",[111] y con su actitud entregan a Jesús a sus enemigos. "Pilato buscó la manera de evadir su responsabilidad".[112] Y tú puedes hacer lo mismo, aunque sabes muy bien que el silencio de Dios no te permite evadir tu responsabilidad de acercarte a Dios.

El silencio de Jesucristo te dice a ti y a mí que Jesús está dispuesto a todo porque nos ama, aunque tú y yo no aceptemos la responsabilidad de la verdad de Dios.

Así que termino con estas preguntas: ¿Qué vas a hacer cuando Dios guarde silencio? ¿Lo despreciaras? ¿Aguardaras por una respuesta? Su silencio, aún sigue siendo una bendición para la humanidad. ¿Por qué no corresponder a ese Soberano silencio? En silencio, acércate a Él.

[111]   William, Barclay. *Comentario al Nuevo Testamento: Volumen 2: MATEO: II.* Trd. Alberto Araujo. (Terrassa (Barcelona), España. Editorial CLIE. 1997), 412.
[112]   William, Barclay. *Comentario al Nuevo Testamento: Volumen 2: MATEO: II.* Trd. Alberto Araujo. (Terrassa (Barcelona), España. Editorial CLIE. 1997), 413.

SUFRIMIENTO SUPERLATIVO

Luego trenzaron una corona de espinas
y se la colocaron en la cabeza, y en la mano
derecha le pusieron una caña. Arrodillándose
delante de él, se burlaban diciendo: — ¡Salve,
rey de los judíos!
Mateo 27:29, (NVI). (27-31)

INTRODUCCIÓN

El relato presenta Mateo habla de la burla sarcástica con la cual se ensañaron los soldados romanos con Jesús de Nazaret. "El sarcasmo es una burla mordaz con la que se pretende dar a entender lo contrario o manifestar desagrado".[113] Durante la última semana de la vida terrenal de Jesús, entre todas las cosas y actividades del Señor, hemos hecho notar que lo apresaron en el Monte de los Olivos, y que guardó silencio ante Herodes Agripa y Poncio Pilato.

Ahora, en el pasaje que hemos leído del Evangelio de Mateo notamos que en esos últimos días y horas de *La Ultima*

---

[113]   Wikipedia, la Enciclopedia libre. *Sarcasmo.* (La Habra, California. Internet. Consultado el 10 de marzo del 2021), ¿? https://es.wikipedia.org/wiki/Sarcasmo

Semana de Jesús, caminando sobre esta tierra, las personas del Palacio, los líderes religiosos, los soldados y el pueblo judío, se burlaron de El: Fue una burla sarcástica y golpes brutales con los puños, con látigos, con espinas y cualquier objeto que se encontraron a la mano. Fueron burlas y golpes que le acarrearon un Sufrimiento Superlativo.

En este tipo de castigo que daban a los prisioneros, algunos de ellos se desmayaban antes de que el castigo terminara y otros morían a causa de la brutalidad con que se aplicaba el castigo antes de ser crucificados. Sin embargo, para cumplir todas las profecías, Jesucristo soportó todo sufrimiento.

Así que, permítanme en esta mañana comentarles tres lecciones que puedo ver en el relato de Mateo 27:27-31, que hace referencia en pocas palabras el grado Superlativo del Sufrimiento de Jesús.

I.- SIN APARENTE ESCAPATORIA.

El relato bíblico dice que: *"Los soldados del gobernador llevaron a Jesús al palacio y reunieron a toda la tropa alrededor de él".114* Como el peor y más astuto criminal, Jesús fue conducido hacia el palacio del gobernador Poncio Pilato. Mateo dice que Jesús fue llevado al Cuartel del gobernador "rodeado de toda la compañía". "La palabra griega traducida como '*compañía*' también puede traducirse como '*tropa*' o '*cohorte*'. Se trata de un batallón de aproximadamente 600 soldados".115 Probablemente no fueron los 600 soldados encargados de torturar a Jesús, pues, al servicio de Pilato, estaban 120 soldados. Con toda seguridad, estos fueron los

---

114   Mateo 27:27, (NVI).
115   *Biblia de Estudio Esquemática.* (Brasil. Sociedades Bíblicas Unidas. 2010), 1438

burladores y torturadores de Jesucristo. ¡120 contra uno! ¿Qué les recuerda esta acción? ¡Qué también ellos fueron montoneros!

Esto me recuerda la noche en que sonó el timbre que anunciaba el fin de las clases de ese día en la Escuela Secundaria José María Morelos y Pavón, en la ciudad de Morelia, Michoacán, México. Salí a la calle como las otras noches. En la esquina de la Calle Carpinteros de Paracho y Avenida los Arcos, me esperaba una de las pandillas rivales. Sin previo aviso, me rodearon y en pocos minutos me dejaron tirado al pie de una pequeña palmera; estaba sangrando, pero sin sentido. Desperté como a las cuatro de la mañana con dolores, cortaduras y moretones en diferentes partes de mi pequeño cuerpo. ¡Ellos también fueron montoneros!

Pues bien, en aquella mañana, allá en la ciudad de Jerusalén, los soldados se reunieron "alrededor de Jesús para divertirse con él. Deseaban satisfacer sus impulsos sádicos. Querían tener algo de diversión a costa del 'Rey de los Judíos'."[116]

1. Eran 120 soldados, ellos pensaban que Jesús no tenía escapatoria.
2. La verdad fue que Jesús no se propuso escapar.
3. Había orado que se hiciera la voluntad del Padre y, además, había dicho: "Por eso me ama el Padre: porque entrego mi vida para volver a recibirla. Nadie me la arrebata, sino que yo la entrego por mi propia voluntad. Tengo autoridad para entregarla, y tengo

---

[116]   Guillermo Hendriksen. *El Evangelio de Mateo: Comentario al Nuevo Testamento*. (Grand Rapids, Michigan. Distribuido por T.E.L.L. Subcomisión Literatura Cristiana. 1986), 1005.

también autoridad para volver a recibirla. Este es el mandamiento que recibí de mi Padre".[117]

No, Jesús, aunque estaba en un grado superlativo de sufrimiento, no se escapó de los torturadores. Sufrió todo para que tú y yo:
Primero: Nos asegurásemos del Gran Amor de Dios para nosotros.

Segundo: Para que confiáramos en lo que dice la Palabra de Dios; ella había dicho que el Mesías de Dios pasaría por todos estos sufrimientos por amor a ti y a mí. ¡Su Palabra es la verdad de ayer, de ahora y para siempre!

Tercero: Jesús sufrió el castigo superlativo para que tú y yo no suframos en el infierno de fuego, sino que gocemos de las Moradas Celestiales.

Así que: "Cuando pienses en el sufrimiento de Cristo no llores por Él, como compadeciéndote o sintiendo pena, pues Él iba fuerte y victorioso hacia la cruz a ganar la batalla más grande que ha podido haber en el universo, si lloras hazlo por ti porque eres indigno de tan santo y sublime amor con que te amó y llora más si aún no has conocido ese amor".[118]

II.- CRUELDAD INFERNAL.

Cuando el gobernador Poncio Pilato les entregó a los Soldados a Jesús, además de golpearlo: "Luego trenzaron una corona de espinas y se la colocaron en la cabeza, y en la mano derecha le pusieron una caña. Arrodillándose delante

---

[117]   Juan 10:17-18, (NVI).

[118]   D.S.H. *Comentario en la página de Facebook del Centro Educativo Indígena de la ciudad de Córdoba, Veracruz. México.* (La Habra, California. Internet. Comentario publicado el 10 de abril del 2020. Consultado el 26 de agosto del 2021), ¿? https://www.facebook.com/centroeducativoindigena/

de él, se burlaban diciendo: — ¡Salve, rey de los judíos![119] No se sabe con seguridad que clase de planta espinosa usaron los soldados para tejer la corona que pusieron sobre la cabeza de Jesús. Algunos botánicos sugieren que probablemente fue una rama de una planta llamada "*Spina Christi* o Arbusto *Palinro*".[120] Cuando notamos la crueldad infernal con la que trataron a Jesús, no importa de dónde cortaron la rama que tejieron para ponerla sobre la cabeza de Jesús. Lo que realmente importa es el hecho significativo de esa corona de espinas.

Lo que sabemos por el relato bíblico es que: "Los cardos y los espinos se mencionan en Génesis 3:18 en relación con la caída de Adán. (Entonces, pues), Aquí, en Mateo 27: 29ª, y sus paralelos, Jesús se presenta cargando con la maldición que hay sobre la naturaleza a fin de liberar a la naturaleza y a nosotros de ella".[121]

En la burla que hacen los soldados, empapada de la crueldad infernal, le ponen la corona que, ellos consideraban era digna de un rey judío. Usaron la caña que le habían dado como cetro para golpearlo en la cabeza, y así provocarle más dolor al clavársele las espinas en su cabeza. ¿Comprenderían los que le molestaban que estaban haciéndole esto al que es 'Rey de reyes y Señor de señores'?"[122]

La crueldad infernal con la que Jesús fue tratado aquella mañana antes de ser crucificado no tiene nombre. Tanto

---

[119]   *Mateo 27:29, (NVI).*

[120]   Guillermo Hendriksen. *El Evangelio de Mateo: Comentario al Nuevo Testamento.* (Grand Rapids, Michigan. Distribuido por T.E.L.L. Subcomisión Literatura Cristiana. 1986), 1006

[121]   Guillermo Hendriksen. *El Evangelio de Mateo: Comentario al Nuevo Testamento.* (Grand Rapids, Michigan. Distribuido por T.E.L.L. Subcomisión Literatura Cristiana. 1986), 1006-1007.

[122]   Deuteronomio 10:17; Salmos 136:3; 1 Timoteo 6:15; Apocalipsis 1:5; 17:14; 19:16; 19:11-16.

los escritores populares, como los filósofos y los escritores bíblicos, aseguran que el castigo que recibió Jesús "fue un castigo cruel e ignominioso, especialmente cuando era ejecutado por los romanos, quienes no estaban sujetos a la ley judaica, en la que se moderaba el castigo, no permitiendo pasar de cuarenta azotes, incluso de treinta y nueve, por si fallaba la cuenta (2 Co. 11:24)".[123] ¡Crueldad infernal! ¡Ah, cuando el pecado endurece el corazón del ser humano se degrada mucho más bajo que los mismos animales! ¡Se convierte en una bestia desquiciada! Y, sin embargo, William Barclay sugiere que todo lo que los soldados hicieron con Jesús, "actuaron en ignorancia".[124] Mis respetos para Barclay, pero, lo dudo. Jesús no fue el primero ni el último que torturaron. ¡Ellos sabían lo hacían! Tú yo sabemos cuándo estamos actuando peor que los animales en contra de nuestro prójimo. ¡No somos inocentes! Ni tampoco ignorantes de lo que hacemos.

III.- EL ASOMBROSO AMOR DE CRISTO NOS HUMILLA.

La burla, alguien dijo que: "La burla es el medio que usa el ignorante acomplejado para sentirse sabio".[125] Pero, los grandes sabios de la Historia Universal no usaron la burla como un arma ni para divertirse ni para humillar a los seres

---

[123]   Matthew Henry. *Comentario Exegético-Devocional a toda la Biblia: Mateo.* Td. Francisco Lacueva. (Terrassa (Barcelona), España. Editorial CLIE. 1984), 540.

[124]   William Barclay. *Comentario al Nuevo Testamento: Volumen 2: MATEO: II.* Trd. Alberto Araujo. (Terrassa (Barcelona), España. Editorial CLIE. 1997), 419.

[125]   @nochedeletras. *La Burla hacia Dios: Frases.* (La Habra, California. Internet. Consultado el día 10 de marzo del 2021), ¿? https://www.google.com/search?rlz=1C1GCEA_enUS764US764&hl=en&q=La+burla+hacia+Dios&tbm=isch&chips=q:la+burla+hacia+dios,online_chips:frases&usg=AI4_-kTCq0zoeAAQLezuuK_9EEx3-

humanos. Lo que se puede notar en estos grandes sabios es la *humildad*.

Jesús, el hombre que "como cordero fue llevado al matadero" sin oponer resistencia, con su asombroso amor nos enseña que:

A.- *Pensando que actuar en ignorancia*, como lo sugiere William Barclay, cuando los soldados actuaron con crueldad infernal contra Jesús, *tiene justificación*. Lo sarcástico es que la ignorancia no libra de responsabilidades. Si usted maneja a 100 millas por hora en una carretera que los letreros marcan 70 millas velocidad máxima. Si lo para la policía y usted alega que no sabía el límite de velocidad, eso no le salva de la multa y posiblemente de ir a la cárcel.

Cuando usted muera y se presente ante Dios, porque todos nos presentaremos ante El. La Biblia dice: "... cada persona está destinada a morir una sola vez y después vendrá el juicio,".[126] Como esta es una ley natural, a menos que Jesucristo regrese en nuestros días, todos moriremos y todos nos presentaremos ante el Señor. Y cuando usted llegue ante Dios y él le diga que la única manera de estar con Él es haber aceptado a Jesucristo como Salvador personal y usted le dice al Señor que no lo sabía, su ignorancia no le permitirá estar con Dios por la eternidad. Así que, asegúrate de que podrás vivir con Dios por toda la eternidad.

B.- *El asombro amor de Jesús me enseña que "me veo obligado a humillarme".127* Esta humillación es para "aceptar

---

126   Hebreos 9:27, (NTV).

127   Michael J. Wilkins. *Comentario Bíblico con Aplicación: MATEO: Del texto bíblico a una Aplicación Contemporánea*. (Nashville, Tennessee, USA. Editorial Vida. 2016), 917.

cualquier sufrimiento que se cruce en mi camino con el fin de hacer avanzar los propósitos de Dios en mi vida".[128]

C.- *La humillación de Jesús me "muestra, de una forma única, toda una Nueva Dimensión".[129]* En estos días pandémicos en que se están aplicando las vacunas contra el COVID-19, se habla de un Nuevo Mundo. Nada nuevo.

1. Los egipcios, los caldeos, los persas, los griegos, incluso los israelitas cuando cruzaron el rio Jordán y entraron a Palestina, todos ellos hablaron de un Nuevo Mundo.
2. Cuando el emperador Constantino puso al cristianismo como la religión imperial se habló de un Nuevo Mundo.
3. Durante la Reforma Protestante y las Reformas Católicas se habló de un Nuevo Mundo.
4. Antes de la 1ra Guerra Mundial se habló de un Nuevo Mundo.
5. Después de la 2da Guerra Mundial se habló de un Nuevo Mundo.
6. Algunos de ustedes recuerdan que en el último trimestre del año 1999 se hablaba de que el fin del mundo se terminaría en el año 2000. ¡No terminó!
7. Ahora, pues, se vuelve a mencionar un Nuevo Mundo.

Los Sufrimientos Superlativos de Jesús NO HABLAN DE UN NUEVO MUNDO, sino de una NUEVA DIMENSION.

---

[128]   Michael J. Wilkins. *Comentario Bíblico con Aplicación: MATEO: Del texto bíblico a una Aplicación Contemporánea.* (Nashville, Tennessee, USA. Editorial Vida. 2016), 917.

[129]   Michael J. Wilkins. *Comentario Bíblico con Aplicación: MATEO: Del texto bíblico a una Aplicación Contemporánea.* (Nashville, Tennessee, USA. Editorial Vida. 2016), 917.

1. hablan de pasar de la muerte a la vida eterna.
2. hablan de amar en lugar de odiar.
3. hablan de ser pacíficos en lugar de altaneros.
4. hablan de vivir una vida en una dimensión de santidad.
5. ¡Hablan de que Dios te ama intensamente!

¡Ah, el amor de Jesucristo! Sufrió y soportó las burlas para que tú y yo aprendamos, en humildad, a resistir el sufrimiento y las burlas en esta Dimensión de Amor.

CONCLUSIÓN.

Cuando te sientas acorralado(a), por el enemigo, cuando sientas la crueldad infernal por parte de los seres humanos, piensa en el amor de Jesús. Humíllate ante El. El ya pasó por este sufrimiento. El Señor no te dejará que pases por un *Sufrimiento Superlativo*, no lo podrás aguantar, Dios sabe eso, por eso Él tomó tu lugar.

Ahora bien, ¿qué vas a hacer con toda esa sangre derramada en el Palacio del Gobernador Poncio Pilatos? ¿Qué vas a hacer con el amor que te tiene Jesucristo? ¿Qué vas a hacer con la humildad que Jesús mostró ante sus burladores? ¿Te seguirás burlando de Jesucristo y de su Palabra? ¿Qué vas a hacer?

Yo te invito a que repitas conmigo esta oración:

Señor Jesucristo, gracias por sufrir en mi lugar.
Señor, en algunas ocasiones me he sentido acorralado por el enemigo y no he encontrado

la salida, hoy, me doy cuenta de que tú eres
la salida.

Señor, en algunas ocasiones he reaccionado
negativamente a las críticas y burlas que me
han hecho, hoy, Señor, entiendo que debo ser
humilde porque tú tienes algo mejor para mí.

Señor, ¡muchas gracias por tu amor!
¡Gracias porque me amas!

Oro en el nombre de Cristo Jesús.

¡**Amén!**

EN EL "LUGAR DE LA CALAVERA"

"Cuando llegaron a un sitio llamado Gólgota,
(es decir, «Lugar de la Calavera»), le dieron
a beber vino mezclado con hiel; pero Jesús,
después de probarlo, no lo quiso beber".
Mateo 27:33-34, (DHH).

INTRODUCCIÓN.

Algunos eventos de la última semana de la vida terrenal de Jesucristo son: A Jesús, lo arrestaron en el monte de los Olivos, mientras estaba orando con sus discípulos en el Huerto de Getsemaní. De noche, le hicieron un juicio en la casa de Caifás, el sumo sacerdote de ese tiempo.[130] Por la mañana lo llevaron ante el gobernador romano Poncio Pilato, este permite que Jesús sea torturado y después lo entrega para ser crucificado.

"Y como si la crucifixión no fuese de suyo ya una muerte horrible, - los soldados, el pueblo, los sacerdotes y los ladrones

---

[130] Mateo 26:57.

que crucificaron con el – añadieron – a su crucifixión – toda clase de tratos abusivos".[131] Le invito para que analicemos un poco lo que dice Mateo 27:27-54. Notemos tres grandes lecciones en este relato que hace el Evangelista Mateo acerca de la crucifixión de Jesús, en el "Lugar de la Calavera".

I.- NOTA "TRISTE E IRÓNICA".

La Biblia dice que cuando Jesús fue crucificado, en el "Lugar de la Calavera", colocaron "... por encima de su cabeza... un letrero, donde estaba escrita la causa de su condena. El letrero decía: 'ÉSTE ES JESUS EL REY DE LOS JUDIOS'."[132] Esta es una nota que "recoge una acusación que es la verdad: *Este es Jesús, el rey de los judíos*. Era una nota que anunciaba a todos los observadores que la persona que estaba agonizando, colgado de aquella enorme cruz, era la persona que los había alimentado; era la persona que los había sanado; era la persona que los había librado de las fuerzas demoniacas; ¡era el Salvador de sus almas!

Para llegar a ese lamentable pero profético estado, Jesús, había nacido en la pobreza, nació bajo el cruel mundo dominado por Herodes el Grande. Durante su ministerio se enfrentó a los ataques de Satanás en sus contantes tentaciones. La naturaleza también lo atacó con una tormenta. Los endemoniados lo acosaron más de una vez. Los líderes religiosos de Israel lo odiaron hasta sentenciarlo a muerte.[133]

Lo que notamos en la escritura del Nuevo Testamento es que: "Jesús luchó continuamente contra fuerzas poderosas en

---

[131]   Matthew Henry. *Comentario Exegético-Devocional a toda la Biblia: Mateo.* Td. Francisco Lacueva. (Terrassa (Barcelona), España. Editorial CLIE. 1984), 543.

[132]   Mateo 27:37, (DHH).

[133]   Mateo 2:1-23; 4:1-11; 8:23-27; 8:28-34; 12:22-45.

su misión de establecer el reino de Dios".[134] Ninguna de ellas lo venció: Aunque de una manera irónica y burlesca, Jesús, en la cruz en el "Lugar de la Calavera", aun con la corona de espinas sobre sobre su cabeza, su letrero clavado sobre la parte alta de la Cruz que decía: 'ÉSTE ES JESUS EL REY DE LOS JUDIOS', ambos símbolos, anunciaban que Jesús de Nazaret ERA y ES el Señor del universo. "¡Era y sigue siendo el Rey de reyes y Señor de señores!".[135]

Allí, en *El Lugar de la Calavera*, símbolo de muerte sin esperanza, Jesucristo murió para darnos esperanza de vida. ¡Y vida eterna!

II.- AMOR SACRIFICIAL.

Cuando el Señor Jesucristo pronunció su mensaje sobre la vid verdadera, les dijo a sus discípulos: "El amor más grande que uno puede tener es dar su vida por sus amigos".[136] Años después, el apóstol Pablo les dijo a los hermanos de la ciudad de Éfeso, hermanos: "... lleven una vida de amor, así como Cristo nos amó y se entregó por nosotros como ofrenda y sacrificio fragante para Dios".[137]

¡Ah, el amor de Dios! El amor de Jesucristo que vemos reflejado de una manera irónica en el "Lugar de la Calavera", no es comprensible, aunque es maravilloso. Unos de los cantos que aprendí y que cantábamos en aquella pequeña Iglesia Cristiana de mi pueblo; Lombardía, Michoacán, hace

---

[134] Michael J. Wilkins. *Comentario Bíblico con Aplicación: MATEO: Del texto bíblico a una Aplicación Contemporánea*. (Nashville, Tennessee, USA. Editorial Vida. 2016), 916.

[135] Apocalipsis 17:14, (RV, 1960).

[136] Juan 15:13, (DHH).

[137] Efesios 5:2, (RV, 1960).

unos 60 años, pero que aún es un canto que se les enseña a los niños y que de vez en cuando lo cantamos en nuestros cultos, dice:

"El amor de Dios es maravilloso.
El amor de Dios es maravilloso.
El amor de Dios es maravilloso.
¡Tan Grande es el amor de Dios!

Tan alto que no puedo estar arriba de Él.
Profundo que no puedo estar abajo de Él.
Tan ancho que no puedo estar afuera de Él.
¡Tan Grande es el amor de Dios!"[138]

¡Sí, muy grande! En el *Himnario Adventista Del Séptimo Día*, se encuentra un himno que parte de la letra dice:

"¡Oh, amor de Dios!
tu inmensidad, el hombre no podrá contar,
ni comprender la gran verdad:
que Dios al hombre pudo amar.

Coro:
¡Oh, amor de Dios!
brotando estás, inmensurable, eternal,
por las edades durarás inagotable raudal.

Si fuera tinta todo el mar,
y todo el cielo un gran papel,
y todo hombre un escritor,

---

[138] Álbum, canción y letra. *El Amor es Maravilloso*. (La Habra, California. Internet. Consultado el 17 de marzo del 2021), ¿? https://www.albumcancionyletra.com/ el-amor-de-dios-es-maravilloso_de_ninos___188816.aspx

y cada hoja un pincel,
para escribir de su existir,
no bastarían jamás".[139]

Cantantes, poetas, escritores, filósofos, matemáticos, científicos, autores, teólogos, historiadores y hasta obreros, hablan del amor de Dios: ¡Hablan de ese amor sacrificial mostrado en grado superlativo en el "lugar de la Calavera"! Allí, en donde la Redención de la humanidad se llevó a cabo.

El filósofo chileno, Luís Gastón Soublette, en una entrevista dijo que "Jesús era un gallo muy peligroso, y también dijo: "La esencia del Evangelio de Jesucristo es muy peligrosa para el poder y para estos tiempos".[140] Yo me pregunto: ¿Por qué "la esencia del Evangelio de Jesucristo es muy peligrosa"? Creo que lo es porque demanda humidad; demanda sencillez; ¡Demanda amar!

La gente religiosa del tiempo de Jesús lo sabía. Sabía que las enseñanzas de Jesús eran muy peligrosas para sus ideales, así que, decidieron matarlo, sin darse por enterados de que Jesús estaba en control de la situación porque su tiempo había llegado, actuaron, empapados de odio y con una ceguera espiritual que no pudieron ver una pequeña verdad de las enseñanzas de Jesús. Se dejaron envolver por el pecado y este, los cegó totalmente a la verdad que proclamaba y mostraba el amor de Dios en la persona de Jesucristo.

---

[139]   Himnario Adventista Del Séptimo Día. *Oh, amor de Dios.* (La Habra, California. Internet. Consultado el día 17 de marzo del 2021), ¿?   https://www.letras.com.br/himnario-adventista-del-septimo-dia/ nos-veremos-junto-al-rio#top=himnario-adventista-del-septimo-dia

[140]   Video. *"La religión ha ocultado a Jesucristo"* ... - *Jesucristo Cambia.* (La Habra, California. Internet. Entrevista en un canal de televisión chilena. Publicado el 27 de noviembre dl 2019. Consultado el 18 de marzo del 2021), ¿? https://www.facebook. com/watch/?v=442931106409060

Ellos, a causa del pecado no pudieron ver el amor de Dios allí en el "Lugar de la Calavera": Allí, en donde estaba el símbolo de la muerte, allí, no se percataron que estaba la oportunidad de ser nuevas personas; No se dieron cuenta que allí, en ese lugar de muerte podrían tener vida eterna.

¡Cuidado!, tú puedes estar en el "Lugar de la Calavera"; puedes estar contemplando el amor de Dios para ti; puedes estar presente ante el mismo Salvador de tu alma y, ¡puede que aun o entiendas el amor sacrificial de Jesucristo! Así que permíteme decirte en este momento que: Sí alguien realmente te ama, ¡ese es Jesucristo! Su crucifixión, en el "lugar de la Calavera", fue porque te ama.

III.- EL "MANTO DEL PECADO" SOBRE LOS PRESENTES EN EL "LUGAR DE LA CALAVERA".

Parte del relato que hace el Evangelista Mateo de las horas que Jesús de Nazaret estuvo colgado de la cruz allí en el "Lugar de la Calavera", dice: "La gente que pasaba por allí gritaba insultos y movía la cabeza en forma burlona. '¡Pero mírate ahora! —le gritaban—. Dijiste que ibas a destruir el templo y a reconstruirlo en tres días. Muy bien, si eres el Hijo de Dios, sálvate a ti mismo y bájate de la cruz'. Los principales sacerdotes, los maestros de la ley religiosa y los ancianos también se burlaban de Jesús. 'Salvó a otros—se mofaban—, ¡pero no puede salvarse a sí mismo! Con que es el Rey de Israel, ¿no? ¡Que baje de la cruz ahora mismo y creeremos en él! Confió en Dios, entonces, ¡que Dios lo rescate ahora si lo quiere! Pues dijo: "Soy el Hijo de Dios".'

Hasta los revolucionarios que estaban crucificados con Jesús se burlaban de él de la misma manera".[141]

¡Un relato impresionante! Ahora bien, ¿qué es lo que podemos notar en este párrafo de Mateo 27:39-44? De una manera rápida y concisa, notemos tres grandes lecciones que el Evangelista Mateo nos legó en su evangelio:

A.- *Burlas, insultos, desprecios, calumnias, odio y todo aquello que sale de un corazón malvado e ingrato es lo que se veía y escuchaba en el "Lugar de la Calavera".*

Esto era por parte de la mayoría de los presentes. El otro lado de la moneda mostraba que allí en el "Lugar de la Calavera", el amor de Dios se estaba derramando hacia la humanidad perdida. El apóstol Pablo dijo: "Mas Dios muestra su amor para con nosotros, en que, siendo aún pecadores, Cristo murió por nosotros".[142] En pocas palabras, el apóstol Pablo nos dice que "tenemos esperanza porque Dios nos ama en Cristo".[143] Es un amor que sobresale dentro de todas las Burlas, los insultos, los desprecios, las calumnias, el odio endemoniado de aquellas mentes y de aquellos corazones malvados. Es un amor total. Es decir que: "Dios no reparte su amor a cuentagotas: lo 'ha derramado" … - todo – en nuestros corazones".[144]

---

[141] Mateo 27:39-44, (NTV).

[142] Romanos 5:8, (RV, 1960).

[143] Douglas J. Moo. *Romanos: Comentario con aplicación; del texto bíblico a una aplicación contemporánea.* (Miami, Florida. Editorial Vida. 2011), 164.

[144] Douglas J. Moo. *Romanos: Comentario con aplicación; del texto bíblico a una aplicación contemporánea.* (Miami, Florida. Editorial Vida. 2011), 164.

B.- *Cubiertos con el pecado.*

Las tinieblas que se presentaron en el "Lugar de la Calavera" durante tres horas, de las cuales haré mención en otro mensaje, son un símbolo del pecado que rodeaba a la gente; un símbolo que les impedía ver el amor de Dios a través de su Hijo; era un símbolo del pecado de la humanidad que Jesucristo estaba llevando sobre sí mismo. Pero aun allí, en medio de toda esa negrura de pecado, los más cercanos a Jesús, notan algo aterrador y al mismo tiempo sublime. Con mucho temor, pues estaban aterrados de lo que estaba sucediendo en el "Lugar de la Calavera", mientras Jesús estaba muriendo, el centurión romano y los soldados allí presentes, confesaron públicamente quien era la persona que estaban asesinando, "*... y dijeron: Verdaderamente éste era Hijo de Dios*".[145]

El relato bíblico que hemos leído: "Es una impresionante imagen para los lectores de Mateo. Los sucesos catastróficos que - menciona Mateo -, testifican de la verdadera identidad de Jesús, y el centurión y sus hombres, dan un paso de fe para reconocer la verdad de este testimonio".[146] Esta es la única manera de reconocer quien es exactamente Jesús de Nazaret. Tú puedes escuchar todo el año acerca de Jesús y sus maravillas o sus enseñanzas, pero, si no te acercas a Jesús y das un paso de fe para confesar con verdad lo que estás sintiendo o viendo, nunca conocerás en verdad la identidad de Jesucristo.

En medio de todo tu pecado, si te acercas a Jesús, en el "Lugar de la Calavera", allí, en ese lugar, encontrarás

---

145   Mateo 27: 54c, (RV, 1960).

146   Michael J. Wilkins. *Comentario Bíblico con Aplicación: MATEO: Del texto bíblico a una Aplicación Contemporánea.* (Nashville, Tennessee, USA. Editorial Vida. 2016). 909.

al Salvador de tu alma; allí, en ese símbolo de muerte, encontrarás el verdadero amor que te dará vida eterna.

C.- El amor sacrificial justifica.

Con excepción de las mujeres y el discípulo Juan que se encontraban al pie de la cruz, el resto, estaban tan ciegos y obstinados en sus creencias que no pudieron ver el amor de Dios en la Persona de Jesucristo.

Así es que, en las peores circunstancias que rodearon a Jesús en el Calvario: "Mateo narra... una escena apacible, aunque melancólica, de las mujeres que han observado fielmente el desarrollo de los acontecimientos".[147] Ellas no ignoran que el que está crucificado es el Hijo de Dios; ellas no ignoran que por amor a la humanidad, Jesús está entregando su vida. El amor que Jesús había mostrado hacia ellas les impide salir corriendo de aquella terrorífica escena; su compromiso con el amor de Jesús las mantiene firmes en el Calvario.

¿Cómo podríamos llamar la valentía y decisión de estas mujeres? De acuerdo con los evangelios, ellas habían seguido a Jesús desde Galilea. Alguien que sigue a un maestro, se le llama discípulo. Y: "Un 'discípulo' es alguien que ha evaluado el coste, ha hecho un compromiso de fe y, a continuación, ha seguido a Jesús".[148] El ejemplo de estas mujeres, ¿te dice algo? ¡Sí!, me parece que te dice que, si tú has hecho un compromiso de amor con Jesucristo, debes mantenerte firme

---

[147] Guillermo Hendriksen. *El Evangelio de Mateo: Comentario al Nuevo Testamento*. (Grand Rapids, Michigan. Distribuido por T.E.L.L. Subcomisión Literatura Cristiana. 1986). 1012.

[148] Michael J. Wilkins. *Comentario Bíblico con Aplicación: MATEO: Del texto bíblico a una Aplicación Contemporánea*. (Nashville, Tennessee, USA. Editorial Vida. 2016). 909-910.

en el "Lugar de la Calavera". ¿Por qué allí? Porque de ese lugar, tu victoria contra el pecado y Satanás es segura.

Lo que sabemos por la misma Biblia es que el amor que allí, en el "Lugar de la Calavera", se estaba manifestando era y es un amor justificador. El apóstol Juan dijo: "La Sangre de Jesucristo nos limpia de todo pecado".[149] "Napoleón dijo.... Que las leyes eran para la gente ordinaria, pero no para las personas como él".[150] Tú puedes decir que no necesitas ser justificado de tus pecados; tú puedes decir que el amor de Dios manifestado en el "Lugar de la Calavera" no es para ti y, sin embargo, si eres honesto, mujer, si eres honesta, tú sabes que necesitas ser amado; ¡tú sabes que necesitas ser amada!

CONCLUSIÓN.

Así que, allí, en el "Lugar de la Calavera", en ese caos mortal, el amor de Dios fue manifestado en medio de circunstancias nada gratas. No importan las circunstancias en las que te encuentres, el amor de Dios estará contigo.

Pero mucho más importante es que, allí en el Calvario, en ese lugar llamado "de la Calavera", el Salvador del mundo entregó su vida porque te ama y quiere salvarte. "Después de todo, la Escritura NO pone todo el énfasis en lo que Jesús sufrió físicamente, sino en el hecho de que El mismo, en su cuerpo y alma, fue hecho una ofrenda por el pecado y puso

---

149   I Juan 1:7, (RV, 1960).

150   William Barclay. *Comentario al Nuevo Testamento: Volumen 15: 1ra, 2da, 3ra de Juan y Judas.* Td. Alberto Araujo. (Terrassa (Barcelona), España. Editorial CLIE. 1998), 41.

su vida",[151] para que tú y yo podamos ser salvos de nuestros pecados.

¡Jesucristo te ama!

¡Amén!

---

[151]   Guillermo Hendriksen. *El Evangelio de Mateo: Comentario al Nuevo Testamento.* (Grand Rapids, Michigan. Distribuido por T.E.L.L. Subcomisión Literatura Cristiana. 1986). 1012.

LA BONDAD DE JESÚS

-Primera Palabra: La palabra misericordiosa- "Jesús dijo: 'Padre, perdónalos, porque no saben lo que hacen'."
Lucas 23:34, (DHH).

INTRODUCCIÓN.

En el capítulo 27 del Evangelio de Mateo notamos que, en esos últimos días y horas de *La Ultima Semana* de Jesús, caminando sobre esta tierra, las personas del Palacio, los líderes religiosos, los soldados y el pueblo judío, se burlaron de Él y lo torturaron con diferentes golpes. Fue una burla sarcástica y golpes brutales con los puños, con látigos, con espinas y cualquier objeto que se encontraron a la mano. Fueron burlas y golpes que le acarrearon un Sufrimiento Superlativo.

Ahora, siguiendo el relato bíblico, es viernes. En este día, muy temprano, mejor dicho, de madrugada, Jesús es arrestado y llevado ante el Sanedrín que estaba dirigido por los sacerdotes Anás y Caifás. Después de un injusto juicio religioso es enviado al gobernador Poncio Pilato. Pilato lo manda con el corrupto y desquiciado Herodes Antipas el cual lo regresa a Pilato porque Jesús no cumplió con sus deseos milagrosos.[152] En el Palacio de Poncio Pilato, aparece Barrabas, el personaje despreciado, el individuo que era la escoria del territorio palestino. A la pregunta de Pilato de quien debería de dejar libre, la respuesta inmediata fue: ¡A Barrabas! Esta era una costumbre entre los judíos, en el día de la pascua se dejaba libre a un preso. En ese momento, Barrabas es libre y Jesús es la víctima. "Barrabas fue puesto en libertad; para dar a entender que Jesús fue condenado a fin de que los mayores pecadores pudiesen ser absueltos; él fue entregado para que nosotros obtuviéramos libertad".[153] El apóstol Pedro dijo que: "Cristo murió por los pecados una vez por todas, el *justo por los injustos*".[154] En esa mañana del viernes de *La Ultima Semana* de Jesús sobre esta tierra, el Mesías de Dios es sentenciado a muerte por el gobernador Poncio Pilato, allí, una vez más se mostró que el Santo Hijo de Dios murió por todos sin importar su condición social o pecadora. Murió aun por el más despreciado y odiado de los seres humanos como lo fue Barrabas en su tiempo.

Ya no había escapatoria. Jesús fue llevado al lugar de la Calavera, fue colgado de la cruz, sus sufrimientos y dolores fueron un Sufrimiento Superlativo. Fue allí en donde comenzaron las últimas seis horas de su vida terrenal. Allí, también, se escucharon las últimas siete expresiones de aquel que ERA y ES el Cordero de Dios que quita el pecado del

---

[152]   Jesús es arrestado: Mat 26:47-56; Jesús es llevado al Concilio Judío: Mat. 27:57-67; Jesús es llevado ante Pilato: Mat. 27:1-2, 11-14; Jesús está frente a Herodes Antipas: Luc. 23:6-11.

[153]   Matthew Henry. *Comentario Exegético-Devocional a toda la Biblia: Mateo.* Td. Francisco Lacueva. (Terrassa (Barcelona), España. Editorial CLIE. 1984), 540.

[154]   I Pedro 3:18, (NVI). Las **bols** e *Itálicas* son mías.

mundo. Es decir, del que FUE y ES el Cordero de la Pascua judía.

Lo incomprensible de esta terrible escena es que, lo primero que dijo el crucificado, fue una súplica al Gran Dios y Padre Celestial. Fue una súplica de bondad. En medio de sus sufrimientos y dolores que fueron Sufrimientos de grado Superlativo, pidió al Padre que perdonara a los que le habían causado ese mal.

Así que, su primera expresión desde la cruz fue:

"PADRE, PERDÓNALOS, PORQUE NO SABEN LO QUE HACEN".

Lucas 23:34, (RV, 60).

¡Wauu, qué oración tan corta, pero con una pasión y profundidad teológica que es difícil de entender! Dentro de la más terrible crueldad que el ser humano puede hacerles a sus semejantes, Jesús, intercede para que sus molestos y crueles acusadores sean perdonados. ¡Incomprensible!

Ahora bien, ¿por quienes intercede ante el Padre Celestial? Es muy probable que Jesús, primeramente, pide al Padre Celestial que perdone a:

I.- Los Soldados del Gobernador.

El evangelista Mateo dice acerca de la actividad de los soldados bajo el mando del gobernador Poncio Pilato, lo siguiente: "Los soldados del gobernador llevaron a Jesús al palacio y reunieron a toda la tropa alrededor de él. Le quitaron la ropa y le pusieron un manto de color escarlata. Luego trenzaron una corona de espinas y se la colocaron en la cabeza, y en la mano derecha le pusieron una caña.

Arrodillándose delante de él, se burlaban diciendo: —¡Salve, rey de los judíos! Y le escupían, y con la caña le golpeaban la cabeza. Después de burlarse de él, le quitaron el manto, le pusieron su propia ropa y se lo llevaron para crucificarlo".[155] ¡Sí!, Jesús intercede ante el Padre por los soldados del gobernador. Intercede por ellos a pesar de que fueron ellos los que lo golpearon, fueron ellos los que le escupieron en su rostro, fueron ellos los que se burlaron de Él, fueron ellos los que le crucificaron, fueron ellos los que le dieron a beber vinagre en lugar de agua, fueron ellos los que lo desnudaron y fueron ellos los que repartieron entre en ellos mismos la vestimenta de Jesús allí, al pie de la cruz.[156]

El relato bíblico dice que los soldados le dieron un tratamiento bárbaro a Jesucristo. Allí donde debería de ser un refugio contra los abusos, es decir en el mismo Pretorio, allí los soldados abusaron de su autoridad, no respetaron ni aun la ley romana de espera para la ejecución, pues: "después de ser condenado, deberían de haberle permitido un poco de tiempo para prepararse para sufrir la muerte de cruz. Había una ley, dictaminada por el Senado de Roma, ordenando que la ejecución de los criminales se demorara por diez días a partir del pronunciamiento de la sentencia. Pero al Señor Jesús no le permitieron ni diez minutos de descanso. La barbarie contra él continuo sin interrupción alguna".[157]

¡No hubo ningún ápice de piedad para Jesucristo! Los soldados actuaron cruel y despiadadamente con el Mesías de Dios.

---

[155]   Mateo 27:27-31, (NVI).

[156]   Mateo 27:34-35.

[157]   Matthew Henry. *Comentario Exegético-Devocional a toda la Biblia: Mateo.* Td. Francisco Lacueva. (Terrassa (Barcelona), España. Editorial CLIE. 1984), 540.

Y, aun así, Jesucristo, desde la cruz en el Calvario, suplica al Padre que los perdone. ¡Esto no es comprensible a nuestros sentidos y razonamiento!

Si podemos decir algo a favor de los soldados es que estaban obedeciendo la orden del gobernador y tal vez, por ello, Jesús, dijo que no sabían lo que hacían. ¿Los justificaba? Al parecer sí. Desde el unto de vista de la narrativa y la historia bíblica sobre este hecho, no había ninguna razón para que los soldados fueran justificados ni mucho menos que Jesucristo mostrara bondad hacia ellos. ¡Pero lo hizo! ¡Ah, los misterios de Dios!

II.- JESÚS INTERCEDIÓ POR AQUELLOS QUE LO CONDENARON.

Literalmente, en ese momento histórico, allí en el Calvario, Jesús, pidió al Padre que perdonara a los soldados porque no sabían a ciencia cierta de a quién estaban crucificando. Para ellos, eran un reo más que tenía que morir crucificado por órdenes del gobernador.

Sin embargo, por extensión del momento histórico, podemos decir que la expresión de Jesús: *"Padre, perdónalos, porque no saben lo que hacen"*,[158] alcanzaba a abarcar a los principales protagonistas de aquel momento histórico. Es decir que, desde la agonía de la cruz, Jesús ruega la Padre que también perdone a:

A.- Poncio Pilatos. Este personaje fue: "Gobernador romano de Judea recordado en la historia como un antisemita de mala reputación, y en los credos cristianos como el

---

158 Lucas 23:34, (RV, 60).

magistrado bajo cuyo poder padeció Jesucristo (I Tim 6:13). El NT lo llama 'gobernador', en tanto que otras fuentes lo llaman 'procurador' o 'prefecto' (Inscripción hallada en Cesarea en 1961)".[159] Como gobernador, uno de los casos que tuvo que tratar fue sobre la petición de muerte para Jesús de Nazaret en los primeros años de su gobernatura. Pilato comenzó a Gobernar Judea cerca del año 26 d.c., y aproximadamente en el año 30 d.c. Jesucristo estuvo frente a frente ante él. Como gobernador, interrogó a Jesús delante de los acusadores. Después del primer interrogatorio de Pilato hacia Jesús, Poncio Pilato se dio cuenta que Jesús era inocente. El relato bíblico dice que: "Pilato reunió a los jefes de los sacerdotes, a las autoridades y al pueblo, y les dijo: —Ustedes me trajeron a este hombre, diciendo que alborota al pueblo; pero yo lo he interrogado delante de ustedes y no lo he encontrado culpable de ninguna de las faltas de que lo acusan. Ni tampoco Herodes, puesto que nos lo ha devuelto".[160] Pero por causa de la insistencia del liderazgo judío, Poncio Pilato volvió: "Por tercera vez - hacia el pueblo y - les dijo: —Pues ¿qué mal ha hecho? Yo no encuentro en él nada que merezca la pena de muerte. Lo voy a castigar y después lo dejaré libre".[161] "Pilato testificó de manera reiterada y enérgica sobre la inocencia de Cristo (Luc. 23:4, 14, 15). Al hacerlo, no solo condenaba a los judíos, quienes exigían la muerte de Jesús, sino también así mismo, porque entregó al Salvador sin razón".[162]

---

[159]   S. Leticia Calcada. (Edición General). *Diccionario Bíblico Ilustrado Holman.* (Nashville, Tennessee. B y H Publishing Group. 2008), 1278.

[160]   Lucas 23:13-15, (DHH).

[161]   Lucas 23:22, (DHH).

[162]   John Macarthur. *Una vida perfecta: La historia completa el Señor Jesús.* (Nashville, Tennessee. Grupo Nelson Inc. Una marca registrada de Thomas Nelson Inc. 2012), 452.

Pilato sabía que Jesús era inocente y por tal razón, desde ese instante "procuraba poner en libertad a Jesús, pero los judíos gritaban desaforadamente: —Si dejas en libertad a este hombre, no eres amigo del emperador. Cualquiera que pretende ser rey se hace su enemigo".[163]

La acusación de los judíos fue: "—Hemos descubierto a este hombre agitando a nuestra nación. Se opone al pago de impuestos al emperador y afirma que él es el Cristo, un rey".[164] Pero Pilato nos encontró que tal acusación fuera cierta.

Sin embargo, aunque no encontró culpa alguna en Jesús, las insistencias y amenazas de los líderes religiosos y políticos del pueblo judío atemorizaron al gobernador y, Poncio Pilato no tuvo el valor de ejercer su autoridad romana sobre los deseos de judíos insensatos "y entregó a Jesús a la voluntad de ellos".[165]

A pesar de esta actitud de Poncio Pilato, sobornada por el pueblo judío, Jesús intercedió ante el Padre Dios que lo perdonara.

B.- Al Sanedrín, es decir a los fariseos y saduceos. También por este grupo político-religioso, Jesús pidió la bondad de Dios hacia ellos. El Sanedrín fue un: "Concilio judío supremo del siglo I, contaba con 71 miembros y era precedido por el sumo sacerdote. Entre sus miembros incluía a los dos partidos más importantes",[166] – fariseos y saduceos -.

Fueron ellos, los que dieron la orden de arrestar a Jesús mientras se encontraba en el huerto de Getsemaní con sus discípulos. Arrestaron a Jesús en la noche, probablemente

---

[163] Juan 19:12, (NVI).

[164] Lucas 23:2, (NVI).

[165] Lucas 23:25, (DHH).

[166] S. Leticia Calcada. (Edición General). *Diccionario Bíblico Ilustrado Holman.* (Nashville, Tennessee. B y H Publishing Group. 2008), 1444.

de madrugada, entre las cinco o seis de la mañana, a esa hora lo llevaron ante el sumo sacerdote Anás quien le hizo un fraudulento juicio. Por la mañana, cuando ya se había reunido el Sanedrín, le hicieron otro juicio, uno más formal pero igual de fraudulento. En ambos casos decidieron cumplir su deseo de matar a Jesús.[167] "Los procesos criminales eran considerados ilegales si se realizaban en la noche, así que el Sanedrín espero sabiamente hasta el amanecer para emitir el veredicto que en todo caso ya se había convenido".[168]

Así, pues, el Sanedrín, después de un muy fraudulento juicio, sentencio a Jesús, diciendo: "—Es culpable, y debe morir".[169]

La verdad es que ellos eran los culpables porque en su deseo de venganza, en su deseo de quitar de su presencia al que hacía milagros en nombre de Dios y en su ira contra el nazareno que se hacía llamar el Mesías de Dios, decidieron matarlo. ¡Ellos eran los culpables y ellos eran los que merecían morir! Sin embargo, en la bondad de Jesucristo, suplica perdón por ellos, diciendo: "Padre, perdónalos porque no saben lo que hacen".

C.- Al pueblo que pidió que lo crucificaran. Los soldados del gobernador, Poncio Pilato y el Sanedrín llevaron a Jesús como a un cordero al matadero. Pero nos solo a Jesús lo llevaron de esa manera, sino que, los líderes judíos también llevaron al pueblo a una sentencia espiritual; los llevaron a gritar: "—¡Crucifícalo! ¡Crucifícalo!"[170] sin que recordaran

---

[167] Juan 11:45-53.

[168] John MacArthur. *Una vida perfecta: La historia completa el Señor Jesús.* (Nashville, Tennessee. Grupo Nelson Inc. Una marca registrada de Thomas Nelson Inc. 2012), 445.

[169] Mateo 26:66, (DHH).

[170] Lucas 23:20, (NVI).

que muchos de ellos habían recibido o fueron testigos de uno o más milagros, sin recordar que muchos de ellos fueron alimentados con los panes y peces que Jesús había multiplicado.[171] Por ellos, por los que se dejaron engañar, también Jesús suplicó perdón por lo que habían hecho, diciendo: "*Padre, perdónalos porque no saben lo que hacen*". Jesús intercede por aquellos que son llevados por líderes religiosos y políticos que a lo malo llaman bueno y a lo bueno malo. Y que, a fin de cuentas, no saben lo que están haciendo.

La bondad de Jesucristo es ilimitada, hagamos lo que hagamos, a sabiendas o siendo engaños, Jesucristo sigue intercediendo al Padre, diciendo: "*Padre, perdónalos porque no saben lo que hacen*".

Así que al decir Jesús aquella primera expresión desde el insoportable dolor de los clavos que lo sostenían colgado de aquella rustica cruz de madera, el dolor de las espinas de aquella corona sobre su cabeza, y de un corazón dolido por los actos bestiales de aquellos a los cuales vino para salvar, su expresión de intercesión por aquellos que no sabían con exactitud lo que estaban haciendo, es incomprensible.

Lo que llegamos a comprender es que aquella petición de perdón fue el inicio de uno de los hermosos ministerios del Crucificado y Resucitado; Cristo Jesús: ¡Interceder! El anciano apóstol Juan, en su primera carta a los cristianos de su tiempo les dijo: "Mis queridos hijos, les escribo estas cosas para que no pequen. Pero, si alguno peca, tenemos ante el Padre a un intercesor, a Jesucristo, el Justo. Él es el sacrificio por el perdón de nuestros pecados, y no solo por los nuestros, sino por los de todo el mundo".[172]

---

171   Mateo 14:13-21.

172   1 Juan 2:1-2, (NVI).

Este texto juanino introduce el tercer punto de reflexión sobre la petición de Jesucristo cuando dijo: *"—Padre ..., perdónalos, porque no saben lo que hacen".*[173]

III.- JESÚS INTERCEDIÓ POR NOSOTROS.

Notemos una vez más las palabras del apóstol Juan: "Mis queridos hijos, les escribo estas cosas para que no pequen. Pero, si alguno peca, tenemos ante el Padre a un intercesor, a Jesucristo, el Justo".[174] El anciano Juan, con estas palabras, está diciendo "que hay perdón para los pecados en lo que Jesucristo ha hecho y sigue haciendo por"[175] la humanidad. Es decir que la extensión de la intercesión hecha en el Calvario ha llegado hasta nuestro tiempo; Jesucristo sigue intercediendo ante el Padre para que nos perdone.

Como he dicho antes, la bondad de Jesucristo no tiene límite, ha llegado hasta el siglo veintiuno con esta obra de intercesión: *"Padre, perdónalos porque no saben lo que hacen"*. ¡Jesucristo sigue siendo el Abogado! ¡Es nuestro Abogado ante el Padre Dios!

Cuando el apóstol Juan habla de que tenemos un abogado el cual es Jesucristo, "se trata de la misma palabra griega que aparece en Juan 14:16, 26; 15:26; 16:7, y que se traduce como 'Consolador', en un contexto en que se habla del Espíritu Santo".[176] El termino *Consolador*, "en el texto griego – es - Παράκλετος, - término que – tiene literalmente el significado

---

[173]   Lucas 23:34, (NVI).

[174]   1 Juan 2:1, (NVI).

[175]   William Barclay. *Comentario al Nuevo Testamento: Volumen 15: 1ra, 2da, 3ra juan y Judas.* (Terrassa (Barcelona), España. Editorial CLIE. 1998), 48.

[176]   Comentario en la *Biblia de Estudio Esquemática.* (Brasil. Sociedades Bíblicas Unidas. 2010), 1875.

de *alguien que es llamado para que venga al lado.* En el contexto es llamado para que ayude en una situación de dificultad grande",[177] como cuando pecamos a sabiendas o cuando pecamos por ser engañados ya sea por Satanás o por líderes con malas intenciones.

Además, la palabra *Consolador,* también significa "ayudador, sustentador, y sobre todo testigo de alguien, abogado en la defensa de alguien".[178] Cuando Jesucristo pronuncio las palabras de intercesión: *"Padre, perdónalos porque no saben lo que hacen",* no solamente estaba y sigue estando, ayudando al pecador a reconocer su pecado, sino que aun más, como él sabe que hemos pecado consciente o inconscientemente, es decir que él es testigo ante Dios de que pecamos, entonces, se vuelve nuestro abogado. Su gran bondad lo conmueve al grado de decirle al Justo Padre: *"Perdónalos, porque no saben lo que hacen".*

Ahora bien, como cristianos, entonces, tenemos una doble bendición: Jesucristo está intercediendo por nosotros ante el Padre Dios suplicando que nos perdone nuestros pecados y al mismo tiempo está en el Espíritu Santo que nos acompaña para consolarnos y ayudarnos a no seguir pecando.

Así que la intercesión de Jesucristo desde el Calvario cuando dijo: *"Padre, perdónalos porque no saben lo que hacen",* sigue siendo efectiva en favor nuestro.

---

[177] Samuel Pérez Millos. *Comentario exegético al texto griego del Nuevo Testamento: Juan.* (Viladecavalls (Barcelona), España. Editorial CLIE. 2016), 1354.

[178] William Barclay. *Comentario al Nuevo Testamento: Volumen 15: 1ra, 2da, 3ra juan y Judas.* (Terrassa (Barcelona), España. Editorial CLIE. 1998), 50.

CONCLUSIÓN.

"Padre, perdónalos porque no saben lo que hacen", es una declaración de intercesión que solo Jesucristo puede cumplir, pues fue el Señor Jesús el que pagó el precio del pecado. En nuestro mundo contemporáneo, Jesucristo sigue intercediendo. Lo hizo por los soldados, lo hizo por Poncio Pilato, y también lo hizo por los miembros del Sanedrín y por el pueblo judío de su tiempo. Ahora lo hace por nosotros; tú y yo estamos incluidos en esa intercesión bondadosa. Jesús intercede por nosotros porque todavía en el siglo veintiuno, increíblemente, ¡no sabemos lo que estamos haciendo con Dios!

Hoy mismo, Jesús está intercediendo por ti y por mi porque cuando pecamos contra Dios, cuando pecamos contra el prójimo, cuando pecamos contra nosotros y aun cuando pecamos siendo engañados, las palabras de intercesión a favor nuestro resuenan fuertemente en el Trono Celestial y en el corazón de Dios. ¡Y el Padre Dios, nos perdona!

Jesucristo sigue intercediendo por nosotros con estas palabras de bondad: *"Padre, perdónalos porque no saben lo que hacen"*.[179]

¡Amén!!!

---

[179]   Lucas 23:34, (NVI).

RECONOCIMIENTO DEL MESÍAS PROMETIDO

La segunda Palabra: La palabra esperanzadora –
"Te aseguro que hoy estarás conmigo en el paraíso".
Lucas 23:44, (RV,60).

INTRODUCCIÓN.

La escena que estamos contemplando de una manera histórica sobre los sucesos del monte Calvario, no es nada agradable. El deportista llamado: *El canario D.C.*, un joven de 39 años que practicaba deporte cinco veces a la semana, que era "aficionado al boxeo y que se preocupaba por la buena alimentación, pasó posiblemente los peores ocho días de su vida en la UCI – En el Hospital -, donde hubo momentos en los que pensó en la posibilidad de que podía morir. Cuando dejó de estar sedado y recobró la conciencia se dio cuenta dónde estaba: sin poder respirar y con un 'miedo tremendo'."[180]

Este joven, como muchos otros, es uno de los que no se había vacunado contra el COVID-19. Arrepentido por no vacunarse, estando fuera del hospital dijo: "'En la Uci se ven cosas bastante duras; había personas que estaban muy mal a mi lado', aseveró el joven, quien reconoció que sintió pánico porque no sabía si iba a mejorar o no, ya que sus pulmones 'estaban muy mal'."[181]

Arrepentido por no haberse vacunado, desde el hospital hizo el siguiente llamado "a su generación: 'Por favor, vacúnense'."[182]

La escena que nos presenta el historiador y evangelista Lucas también "se ven cosas bastante duras"; Habla entre otras cosas de una persona que pensó que nunca llegaría a estar colgado de una cruz en sus últimas horas de vida. A esta persona es a la que le podemos llamar: *El Otro crucificado*. Una persona que, mientras se encontraba con el pánico de lo que le sucedería en la otra dimensión, hizo un llamado a Jesús de Nazaret para que lo aceptara en su Reino. Es una súplica de pánico, pero al mismo tiempo esperanzadora: "—Jesús,

[180]   Belén Rodríguez (EFE). *"Por favor, vacúnense", dice un tinerfeño de 39 años y deportista desde el hospital.* (La Habra, California. Internet. Artículo publicado el 5 de agosto del 2021, a las 11:27 H. Consultado el 19 de agosto del 2021), ¿? https://www.diariodepontevedra.es/articulo/espana/favor-vacunense-dice-tinerfeno-39-anos-deportista-hospital/202108051127151153780.html

[181]   Belén Rodríguez (EFE). *"Por favor, vacúnense", dice un tinerfeño de 39 años y deportista desde el hospital.* (La Habra, California. Internet. Artículo publicado el 5 de agosto del 2021, a las 11:27 H. Consultado el 19 de agosto del 2021), ¿? https://www.diariodepontevedra.es/articulo/espana/favor-vacunense-dice-tinerfeno-39-anos-deportista-hospital/202108051127151153780.html

[182]   Belén Rodríguez (EFE). *"Por favor, vacúnense", dice un tinerfeño de 39 años y deportista desde el hospital.* (La Habra, California. Internet. Artículo publicado el 5 de agosto del 2021, a las 11:27 H. Consultado el 19 de agosto del 2021), ¿? https://www.diariodepontevedra.es/articulo/espana/favor-vacunense-dice-tinerfeno-39-anos-deportista-hospital/202108051127151153780.html

acuérdate de mí cuando comiences a reinar".[183] ¡Y Jesús le dio una buena esperanza! "Te aseguro que hoy estarás conmigo en el paraíso".[184]

¿Qué podemos aprender de esta maravillosa y esperanzadora respuesta de Jesús de Nazaret, el Mesías Prometido? Tres lecciones:

I.- PUESTO EN ALTO.

Recordemos que: "El escenario de la crucifixión fue en un lugar llamado 'la Calavera'. Su nombre arameo es 'Gólgota': en latín, *calvaria*, que es la razón por la cual nos referimos a él como el Calvario".[185] El gran Moisés dejó esta instrucción sobre la persona que era juzgada como mala persona o que se consideraba como maldita por Dios. Él dijo: "Si alguien que comete un delito digno de muerte es condenado y colgado de un madero, no dejarás el cuerpo colgado durante la noche, sino que lo sepultarás ese mismo día. Porque cualquiera que es colgado ... está bajo la maldición de Dios"[186]

Jesucristo, quien nunca cometió un solo pecado fue tratado como el peor criminal de la historia judía, aunque, ¡Él ERA y ES inocente! "Pilato, Herodes y un criminal – el Otro crucificado - confesaron la inocencia de Jesús".[187] Y, sin embargo, le causaron una muerte de las más espantosas. La muerte de cruz era una de las torturas más espantosas de ese

---

[183]   Lucas 23:42, (DHH).
[184]   Lucas 23:44, (RV,60).

[185]   Darrell L. Bock. *Comentarios Bíblicos con Aplicación: LUCAS. Del texto bíblico a una aplicación contemporánea.* (Miami, Florida. Editorial Vida. 2011), 543
[186]   Deuteronomio 21:22-23, (NVI).
[187]   Darrell L. Bock. *Comentarios Bíblicos con Aplicación: LUCAS. Del texto bíblico a una aplicación contemporánea.* (Miami, Florida. Editorial Vida. 2011), 544,

tiempo y creo que aún lo es; la sed, el hambre y la cangrena aceleraban la muerte del crucificado.

Además de ser una muerte cruel, lo que notamos por las Escrituras y por la Historia eclesiástica es que Jesús fue colgado de una cruz más alta de lo que se acostumbraba, la razón fue para que muriera asfixiado por no poder respirar a causa de la gravitación. También fue crucificado en lo alto para que se cumpliera el texto que ya he citado de Deuteronomio 21:22-23. Porque de acuerdo con este texto, a los que consideraban malditos, se les colgaba más alto con el propósito de que el perverso no contaminara la tierra con sus maldades.

Ciertamente algunos, como B. H. Carroll no creen que la cruz de Jesús fue más alta que la de los ladrones, sin embargo: "Según una antigua tradición, la Cruz de Jesucristo medía en longitud muy cerca de 189 pulgadas (4,80 metros), de 90½ a 102½ pulgadas (2,30 a 2,60 metros)".[188] Lo suficientemente alta como para que el soldado que le dio a beber vinagre usara una caña para hacer llegar la esponja con vinagre a los labios de Jesús.[189]

Además de esto, Jesús fue puesto en alto en cumplimiento profético que le daba a Jesús un Reconocimiento de que Él era el Mesías Prometido. El letrero que colocaron arriba de la cabeza de Jesús, el apóstol Juan dice que "este letrero fue escrito por el mismo Pilato, un mensaje que intentaba ser irónico. Pues un rey, desnudado y ejecutado en público, obviamente tenía que haber perdido su reino para siempre. Pero Jesús, que invierte la sabiduría del mundo, iniciaba así su reino. Su muerte y resurrección darían un golpe mortal al

[188]   Ken Graham. *¿Cuánto pesaba la Cruz de Jesús?* (La Habra, California. Internet. Artículo publicado el 8 de abril del 2021. Consultado el 19 de agosto del 2021), ¿? https://www.actualidadcristiana.net/cuanto-pesaba-la-cruz-de-jesus/
[189]   Marcos 15:36.

gobierno de Satanás y establecería su autoridad eterna sobre la tierra".[190] ¡Jesús, ERA y ES el Mesías Prometido por Dios para salvar a la humanidad!

II.- BURLAS HACIA EL INOCENTE.

El siervo de Dios, es decir, Jesucristo, dijo el profeta Isaías que: "Era un hombre lleno de dolor, acostumbrado al sufrimiento. Como a alguien que no merece ser visto, lo despreciamos, no lo tuvimos en cuenta…. aunque nunca cometió ningún crimen ni hubo engaño en su boca".[191] ¡Jesucristo FUE y ES inocente! Por lo tanto, debemos de seguir los pensamientos del Otro crucificado que, reconoció que Jesús de Nazaret era el Mesías de Dios: ¡El Mesías Prometido a la nación judía!

Ahora bien, lo que se puede notar en las Escrituras es que: "Lucas desarrolla el relato de la crucifixión de Jesús mediante su interacción con una serie de observadores",[192] Los soldados, los líderes religiosos, algunos de los judíos, las mujeres que siguieron a Jesús hasta el Calvario y Juan el discípulo amado, todos ellos estuvieron observando cada movimiento, cada gesto y cada sentimiento de dolor del Crucificado, Cristo Jesús. Es decir que allí en el Calvario: "… hay una gran cantidad de personas. La multitud que exigió su ejecución se ha quedado para ver cómo se lleva a cabo.

---

[190] Raúl Araque. *El letrero en la Cruz.* (La Habra, California. Internet. Consultado el 19 de agosto del 2021), ¿? https://apunttesteologicos78.blogspot.com/2017/02/el-letrero-en-la-cruz.html

[191] Isaías 53:3, 9, (DHH).

[192] Darrell L. Bock. *Comentarios Bíblicos con Aplicación: LUCAS. Del texto bíblico a una aplicación contemporánea.* (Miami, Florida. Editorial Vida. 2011), 542

Con ella hay un grupo de mujeres, llorando su sufrimiento y muerte inminente".[193]

El predicador y escritor B. H. Carroll, a los observadores de la crucifixión los clasifica por clases y dice que la Primera Clase eran los "que pasaban y le decían injurias meneando sus cabezas y diciendo: 'Tú que derribas el templo, y en tres días lo reedificas, sálvate a ti mismo: si eres Hijo de Dios, desciende de la cruz'.[194]

Acerca de la Segunda Clase, Carroll dice que fueron "los jefes de los sacerdotes que también le escarnecían. Ellos, juntamente con los Escribas, y los ancianos, diciendo: '¡A otros salvó así mismo no se puede salvar! ¡Si es el rey de Israel, que descienda ahora, y creeremos en el! ¡Confió en Dios, líbrele ahora, si le quiere!'. Estos escarnecedores eran los miembros del Sanedrín".[195]

¡Sí, claro que sí!, Jesús había salvado a otros, en eso tenían razón estos escarnecedores. De que era el Rey de Israel, no solo era Rey de Israel, sino que Jesucristo ERA y ES Rey de reyes y Señor de señores. Un Rey al que el Padre Dios amaba y ama con un amor incomprensible tanto que, cuando su Amado Hijo estaba llevando los pecados de todos nosotros; pecados que lo desfiguraron, el Padre escondió el rostro de su Hijo por medio de una oscuridad muy densa.

Con ese corazón tan malvado y con esa mente tan confundida, de estos clasificados por B. H. Carroll por escarnecedores, dudo que si Jesús se hubiese bajado de la cruz realmente creerían en él. Tal vez lo acusarían de brujo o algo

---

[193]   Darrell L. Bock. *Comentarios Bíblicos con Aplicación: LUCAS. Del texto bíblico a una aplicación contemporánea.* (Miami, Florida. Editorial Vida. 2011), 542

[194]   Carroll, B. H. *Comentario Bíblico: Los Cuatro Evangelios. Volumen VI. Tomo II.* Trd. Sara A. Hale. (Terrassa (Barcelona), España. Editorial CLIE. 1986), 451

[195]   Carroll, B. H. Comentario Bíblico: Los Cuatro Evangelios. Volumen VI. Tomo II. Trd. Sara A. Hale. (Terrassa (Barcelona), España. Editorial CLIE. 1986), 451

por el estilo, buscarían cualquier otro pretexto o herejía para no aceptarlo como el Mesías Prometido; para no aceptarlo como el Cordero que quita los pecados del mundo. ¿Aceptarlo como su Salvador? ¡Permítanme dudarlo!

Entre los observadores se encontraban también los dos ladrones que fueron crucificados, uno a la derecha y el otro a la izquierda de Jesús. Este acto fue en cumplimiento de la profecía de Isaías, cuando dijo que además de haberse entregado voluntariamente a la muerte, también: "… fue contado entre los malvados".[196]

Entonces, pues, en la escena del Calvario se pudo ver que: "Los que pasaban, los Escribas, los sacerdotes, los ancianos y los que sufrían con él, todos le escarnecían".[197] Fue allí, en aquel momento histórico cuando se escucharon los insultos y las burlas de algunos de los presentes hacia Jesucristo que también se escucha una súplica del Otro que estaba crucificado juntamente con Jesús, diciéndole: "Acuérdate de mí cuando vengas en tu reino".[198]

Esta es una súplica de alguien que, después de observar la escena muy de cerca, no solo se da cuenta que Jesús es inocente, sino que, reconoce que Jesús de Nazaret es el Mesías Prometido. Este reconocimiento o arrepentimiento del Otro crucificado nos enseña "que nunca es tarde para reconocer a Jesús como nuestro Rey y Salvador".[199]

Así que, dentro de todas las burlas y escarnecimientos hacia el inocente Jesús, existe el Reconocimiento de que Jesús de Nazaret es el Mesías Prometido.

---

[196]   Isaías 53:12, (DHH).

[197]   Carroll, B. H. *Comentario Bíblico: Los Cuatro Evangelios. Volumen VI. Tomo II.* Trd. Sara A. Hale. (Terrassa (Barcelona), España. Editorial CLIE. 1986), 451

[198]   Lucas 23:42.

[199]   William Barclay. *Comentario al Nuevo Testamento: Volumen 4: LUCAS.* (Terrassa (Barcelona), España. Editorial CLIE. 1994), 344.

III.- SEGURIDAD PARA EL QUE NO VALE NADA.

Desde que el ser humano pecó en el huerto del Edén, Dios, desde allí mismo, comenzó el momento histórico de la salvación de la humanidad. La Biblia dice que: "Dios el Señor hizo ropa de pieles para el hombre y su mujer, y los vistió".[200] Para hacer la ropa de pieles, tuvo que haber muerto algún animal, – posiblemente un cordero -, la sangre se derramó para cubrir la vergüenza de la primera pareja. En el Calvario, Jesucristo murió para pagar el precio del pecado. Su sangre fue derramada en esta tierra para que la humanidad lograra el perdón de los pecados porque Él ERA el Mesías Prometido, el Cordero de Dios que quita el pecado del mundo.

Esta Obra Redentora nadie la pudo hacer en toda la historia de la humanidad antes de Jesucristo. Los sacrificios levíticos anunciaban que vendría el Cordero de Dios que quitaría el pecado del mundo porque ninguno de los sacrificios anteriores logró quitar el pecado, solo lo cubrieron hasta que Jesús se presentó y se entregó voluntariamente para morir por todos los pecados de la historia de la raza humana.[201]

Así que, Jesús, el Mesías de Dios: "Siendo irreprensible, el único hombre en toda la historia que fue completamente puro y sin pecado, Jesús, fue el único quien pudo 'pararse en la brecha', el único del cuál Satanás no pudo demandar nada. Él fue el único que no merecía la muerte, ni física ni espiritualmente hablando. Pero, por llevar a cabo el propósito por el cual había venido a la Tierra, ofreciéndose Jesús voluntariamente, fue crucificado como el último sacrificio inocente. Él murió como el Cordero de Dios, para la expiación

---

[200]   Génesis 3:21, (NVI).

[201]   Juan 1;29; 1 Juan 2:2.

de toda la humanidad".[202] Esto es lo que reconoció el Otro crucificado y por eso suplicó entrar al reino de Jesucristo.

Repito, es interesante hacer notar que entre todas aquellas burlas hacia Jesucristo, se escuchó una plegaria que fue completamente distinta de las que se escuchaban entre los observadores y ejecutores de Jesucristo; Fue la voz del Otro de los crucificados, fue la voz de Otro crucificado que reconoce la grandeza de Jesús, fue la voz de Uno de los que estaban colgados de una cruz que reconoce que Jesús es el Mesías de Dios y que, por lo tanto, para él, Jesús, no solo es inocente, sino que aún tiene el poder para dar vida más allá de la cruz sobre la que está colgado.

Ese Otro crucificado fue alguien que para la sociedad no valía absolutamente nada: ¡Era una lastra de la sociedad! ¡Era un criminal! Y sin embargo fue alguien, por cierto, el primero en toda la historia de la salvación en Cristo Jesús que, pide ser aceptado en el Reino de Dios. "Y, aunque el ladrón – es decir el Otro crucificado - sí admitió merecer el castigo que recibía por sus errores (Lucas 23:40-41), ... Simplemente hizo un comentario positivo acerca de Jesucristo, quien le respondió con palabras consoladoras refiriéndose al futuro que le esperaba en el Reino de Dios".[203] "Te aseguro que hoy estarás conmigo en el paraíso".[204]

¡Wauuu!, ¡qué respuesta tan alentadora! En medio de todo el dolor y a minutos de que la muerte se apoderara de su vida, el Otro crucificado recibe una esperanza que,

---

[202] Milenko van der Staal. *¿Por qué tuvo que morir Jesús en la cruz?* (La Habra, California. Internet. Consultado el 18 de agosto del 2021), ¿? https://cristianismoactivo. org/por-que-tuvo-que-morir-jesus-en-la-cruz

[203] Vida, esperanza y verdad. *¿Qué sucedió con el ladrón en la cruz?* (La Habra, California. Internet. Consultado el 18 de agosto del 2021), ¿? https://vidaesperanzayverdad. org/vida/vida-despues-de-la-muerte/que-es-el-cielo/ladron-en-la-cruz/

[204] Lucas 23:44, (RV,60

seguramente, le permitió morir confiando en la promesa del Mesías Prometido. Jesús le prometió al Otro crucificado que ese mismo día estaría con él en el paraíso. "La palabra *paraíso* viene del persa y quiere decir un *jardín amurallado*. Cuando el rey persa quería hacer un gran honor a alguno de sus servidores, le nombraba su acompañante en el paraíso, para que paseara y conversara con el rey en aquel lugar delicioso".[205]

¿Entonces, pastor, qué fue lo que le prometió Jesús al Otro crucificado? El Mesías Prometido, lo que le prometió al Otro crucificado: "Fue más que la inmortalidad: Le prometió el honor de gozar de su compañía en el jardín de la corte celestial".[206] ¡El Mesías de Dios cuando promete lo cumple!

Es decir que, el Otro crucificado fue alguien de mucho valor para Jesucristo, pues fue a él que el Rey de reyes y Señor de señores no le negó la entrada a la salvación eterna, sino que, como respuesta a su suplica, Jesús le dijo: ""Te aseguro que hoy estarás conmigo en el paraíso".[207]

CONCLUSIÓN.

Nuestro Señor y Salvador Jesucristo fue puesto en alto colgando de un rustica cruz como diciéndole al mundo que allí estaba el peor de los criminales. No conformes con eso, las burlas y blasfemias hacia el inocente Jesús se escucharon por horas en el Calvario. ¡Ah, los corazones entenebrecidos!

[205]   William Barclay. Comentario al Nuevo Testamento: Volumen 4: LUCAS. (Terrassa (Barcelona), España. Editorial CLIE. 1994), 344.

[206]   William Barclay. *Comentario al Nuevo Testamento: Volumen 4: LUCAS*. (Terrassa (Barcelona), España. Editorial CLIE. 1994), 344.

[207]   Lucas 23:44, (RV,60).

Y, sin embargo, desde allí, desde lo más alto del Calvario y desde la cruz más alta, Jesucristo, le dio seguridad eterna a aquel que no valía nada ante la sociedad. ¡Aquel sin valor social, llegó a entrar en el reino de Dios por la pura gracia de Jesucristo! Mi amigo, en el Calvario, con la muerte del Mesías de Dios, comenzó la bendita Redención de la humanidad. Esto quiere decir que, tú no estás exento de ella, todo lo que tienes que hacer es exclamar la misma súplica del Otro crucificado. "—Jesús, acuérdate de mí cuando vengas en tu reino".[208] Y, Jesús, en su bendita gracia, te dirá: "Te aseguro que hoy estarás conmigo en el paraíso".[209]

---

208   Lucas 23:43, (NVI).
209   Lucas 23:44, (NVI).

CONSUELO PARA EL DESAMPARADO Y RECHAZADO

Tercera Palabra: La palabra cuidadosa –
"Cuando Jesús vio a su madre, y a su lado
al discípulo a quien él amaba, dijo a su
madre: —Mujer, ahí tienes a tu hijo.
Luego dijo al discípulo: —Ahí tienes a tu madre. Y desde
aquel momento ese discípulo la recibió en su casa.

Juan 19:26-27, (NVI).

INTRODUCCIÓN.

"Eran las 9:59 de la mañana – del día 11 de septiembre del 2001 - y la segunda torre atacada estaba a punto de colapsarse". Aquella fue una escena terrible, todo mundo corrió tratando de salvar sus vidas. El sargento John McLoughlin también corrió, pero para ayudar a los que estaban confundidos por el estruendo. Pensando que las fuertes vigas que soportaban el elevador les salvarían de morir, les gritó a los desesperados que buscaban en donde refugiarse mientras las paredes de la torre comenzaban a desmoronarse: "-¡Corran al elevador! ¡Al pozo del elevador!" les gritaba el sargento John. Mientras el mismo corría notaba como el edificio se estaba derrumbando. De un momento a otro: "La lluvia de escombros lo tiró al suelo y su casco voló por los aires". En esas circunstancias, el sargento John: "No podía creer lo que veía... 'Era un total desastre, como una zona de combate'."[210] Comentó.

La escena que vieron y experimentaron el apóstol Juan y las mujeres que amaban a Jesús allá en el monte Calvario, también fue algo que no podían creer. ¡Habían crucificado al inocente Maestro de Nazaret! ¡Habían crucificado a Su Amado Maestro e hijo!

Mientras Juan y las mujeres contemplaban y se dolían de tan terrible castigo para el que había hecho solamente el bien a todos los que se habían acercado hacia el buscando un alivio a sus males, el Hijo Amado, baja su vista desde la Cruz y contempla a su madre María llena de dolor y le dice las palabras consoladoras más hermosas que se le pueden decir a una madre: Aquí está tu hijo, cumpliendo el propósito para el cual vine a este mundo. Al mismo tiempo que le dice a Juan, su amado discípulo: ¡Cuídala!, ella es ahora tu madre.

Sí, en el monte Calvario fue "un total desastre". El Cordero de Dios, en aquellas terribles horas, estaba muriendo para librar del pecado a todo ser humano que aceptara Su ofrenda de perdón. ¿Qué mas podemos aprender aquella terrible escena? Te invito a que pensemos en tres grandes lecciones.

---

[210]   Daniel Rome Levine. *Enterrado vivo*. (New York. USA. Selecciones del Reader's Digest Inc. Sección: Triunfadores. Agosto del 2006), 41-42. **Nota:** Todas las oraciones o expresiones que están entre comillas fueron copiadas textualmente del escrito de Daniel Rome Levine.

I.- EL EVANGELIO DE PODER.

El apóstol Pablo le dijo a Timoteo que avivara el fuego del don de Dios.[211] ¿A que don se refería? Pablo se refería al Don del Espíritu Santo, ese don que da poder y amor incomprensibles. Es el don que se encuentra en el Evangelio de Jesucristo. Es decir, hablamos del Evangelio que "era, y es, poder para conquistar el ego, poder para dominar las circunstancias, poder para seguir viviendo cuando la vida es invivible, poder para ser cristianos cuando el ser cristianos parece imposible".[212]

¡Maravillo Evangelio de poder! Por eso el apóstol Pablo le dice a Timoteo que: "Dios NO nos ha dado un espíritu de temor, sino un espíritu de poder, de amor y de buen juicio. – Por eso, Timoteo, le sigue diciendo Pablo - No te avergüences, pues, de dar testimonio a favor de nuestro Señor".[213]

Un ejemplo de esta valentía en ser testigo de Jesucristo es el apóstol Juan y María la madre de Jesús. Lo que podemos notar en la escena del Calvario es que, dentro de toda la multitud de escarnecedores y burladores, se encuentra uno de los discípulos de Jesús: ¡Uno solo! De todos sus seguidores varones, solo uno está presente frente al Cordero de Dios que en ese tiempo e instante estaba crucificado. Mientras todos se burlaban del crucificado Jesús y le escarnecía, Juan, el discípulo amado está corriendo el riesgo de ser apresado y maltratado y, tal vez, hasta crucificado, porque "siempre era peligroso. . . asociarse con una Persona Que el gobierno romano consideraba suficientemente peligrosa como merecer

---

[211]   2 Timoteo 1:6.

[212]   William Barclay. Comentario al Nuevo Testamento: Volumen 12: Ira y 2da Timoteo, Tito y Filemón. (Terrassa (Barcelona), España. Editorial CLIE. 1998), 176.

[213]   2 Timoteo 1:7-8, (DHH).

98   ELEAZAR BARAJAS

la cruz".²¹⁴ Pero allí permaneció. ¡Esto es amor a la causa a pesar de...!

Juan hizo manifiesto que Dios le había dado un "espíritu de poder". Este fue el discípulo que, en la última cena de Jesús con sus discípulos, se recostó sobre el pecho de Jesús. Amaba realmente a Jesús y el Señor también a él, la Biblia dice que: "Uno de ellos, a *quién Jesús quería mucho*, estaba junto a él, mientras cenaban".²¹⁵

Un día, mientras Jesús y Pedro caminaban dialogando en la Playa del mar de Galilea, "Volviéndose Pedro, vio que les seguía el discípulo *a quien amaba Jesús*, el mismo que en la cena se había recostado al lado de él, y le había dicho: Señor, ¿quién es el que te ha de entregar?"²¹⁶ No solo era el amor que había entre ellos, sino que, además, Juan, había sido dotado de un valor que le hacía enfrentar cualquier situación negativa.

Y, allí en el monte Calvario, estaba demostrando que Dios no solamente le había dado "un espíritu de amor" sino que también la había dado "un espíritu de poder y valor".

En medio de aquel tétrico escenario, se podía ver un rayo de luz blanca, me refiero a que: "Al final, Jesús no estaba completamente solo. Cerca de la Cruz había cuatro mujeres que Le amaban",²¹⁷ y un discípulo que también le amaba. Juan, el amado discípulo, mostraba un amor y un valor que compartía e impactaba y animaba a María, la cual también se mantenía firme en compañía de las otras Marías en medio de todas las amenazas, criticas, burlas, injurias y blasfemias que escuchaban en contra de Su Amado hijo. Además, es

---

²¹⁴   William Barclay. Comentario al Nuevo Testamento: Volumen 6: JUAN: II. (Terrassa (Barcelona), España. Editorial CLIE. 1996), 289.

²¹⁵   Juan 13;23, (DHH). Las **Bolds** y las *itálicas* con mías.

²¹⁶   Juan 21:20, (DHH). Las **Bolds** y las *itálicas* con mías.

²¹⁷   William Barclay. *Comentario al Nuevo Testamento: Volumen 6: JUAN: II.* (Terrassa (Barcelona), España. Editorial CLIE. 1996), 289.

de admirar "como el sexo débil de las mujeres, parece aquí más varonil, firme junto a la cruz, cuando los discípulos huyeron".[218] ¡El amor echa fuera el temor! Así lo dijo el apóstol Juan.[219]

Una de las fuertes enseñanzas que notamos en la actitud de las mujeres en el Calvario es que: "El amor eterno de todas las madres estaba representado en María – y las otras Marías – al pie de la Cruz".[220] ¡Ah, cuan valioso es que, aparte de Dios, alguien más esté a tu lado cuando más lo necesitas para apoyarte y animarte!

¡Ah, no cabe duda de que el Evangelio que el apóstol Juan habían escuchado de los labios de Jesús, era un Evangelio de poder y de amor! Es ese mismo Evangelio que nosotros hoy día tenemos, por eso, aun en las peores circunstancias, en las desagradables y peligrosas situaciones, el Espíritu de poder y de amor que Dios nos ha dado, es un gran escudo.

¡Sigamos el ejemplo de Juan y de las otras mujeres que acompañaban a María en su dolor! Oh, como dijo en una de sus epístolas San Ambrosio: "Imitad, madres piadosas, a esta, que tan heroico ejemplo dio de amor maternal a su amantísimo Hijo único".[221]

---

[218] Santo Tomas de Aquino. *Catena Aurea: Comentarios sobre el Evangelio de Juan.* (San Bernardino, California. USA. Ivory Falls Books. 2019), 527

[219] I Juan 4:18.

[220] William Barclay. *Comentario al Nuevo Testamento: Volumen 6: JUAN: II.* (Terrassa (Barcelona), España. Editorial CLIE. 1996), 290.

[221] Santo Tomas de Aquino. *Catena Aurea: Comentarios sobre el Evangelio de Juan.* (San Bernardino, California. USA. Ivory Falls Books. 2019), 527

II.- EL EVANGELIO DE JESUCRISTO PROVOCA CONJETURAS.

Dentro de la escena de la crucifixión de Jesús, ya se habían escuchado dos expresiones que habían salido de la boca de Jesús de Nazaret. La primera fue: *"Padre, perdónalos porque no saben lo que hacen"*.²²² La segunda fue: *"Te aseguro que hoy estarás conmigo en el paraíso"*.²²³ Ahora nos encontramos con la tercera expresión o declaración del crucificado Cristo Jesús. En realidad, fueron dos declaraciones que dicen: "— *Mujer, ahí tienes a tu hijo"*. Y, *"—Ahí tienes a tu madre"*.²²⁴

Si hacemos énfasis en lo que Jesús dijo a su madre, debemos de preguntarnos: ¿Por qué Jesús dijo está expresión? Y, ¿Por qué le encargó al discípulo amado su madre? Es aquí en donde el Evangelio provoca las conjeturas. Esto no significa que el Evangelio de Jesucristo no sea veraz, sino que, sencillamente no da una explicación del por qué Jesús se expresó de esa manera.

Algunas de las respuestas que se han dado a estas expresiones de Jesucristo, son:

1. Jesús puso su madre al cuidado de Juan porque José, el esposo de María, había muerto. Esta es una probabilidad.
2. Jesús puso su madre al cuidado de Juan porque Juan era hijo de Zebedeo y Salomé, quien era hermana de María la madre de Jesús. Por consiguiente, Juan era primo de Jesús. Esto también es una probabilidad.

---

²²²   Lucas 23:34, RV, 1960).
²²³   Lucas 23:43, (RV, 1960).
²²⁴   Juan 19:26-27, (NVI).

3. Jesús puso su madre al cuidado de Juan porque fue el único que estuvo con Jesús hasta el último respiro del Crucificado.

Estas conjeturas son probables pues, de acuerdo con el Evangelio de Marcos, los hermanos de Jesús pensaban que estaba loco. Poco tiempo después de que Jesús inició su ministerio terrenal escogió a sus Doce discípulos, Marcos dice: "Luego entró en una casa, y de nuevo se aglomeró tanta gente que ni siquiera podían comer él y sus discípulos. Cuando se enteraron sus parientes, salieron a hacerse cargo de él, porque decían: 'Está fuera de sí'."[225] Sabemos que, hasta después de la Resurrección de Jesús, por lo menos, dos de sus hermanos aceptaron las enseñanzas del Seño: Santiago y Judas.

Leemos en el Evangelio de Juan que los hermanos de Jesús no creían en El. El escritor dijo una declaración muy lamentable: "Lo cierto es que ni siquiera sus hermanos creían en él".[226]

Así que, Jesús sabía que no aceptarían a su madre la cual había creído en que su Amado hijo en realidad era el Mesías Prometido a la nación judía. Con esta creencia, lo más probable es que no la aceptarían entre ellos, la considerarían una hereje y, ser una persona hereje en ese tiempo, corría el riesgo de ser apedreada.[227]

Es muy probable que cuando Jesús le dijo a Juan: "—*Ahí tienes a tu madre*", "quería que Juan la cuidara. -Porque los hijos de María – no tenían hogar. Juan tenía comodidad; era el más acomodado de los apóstoles. Y por esto encargaría

---

225   Marcos 3:20-21, (NVI).

226   Juan 7:5, (NVI).

227   Hebreos 11:35.

a Juan que cuidara de su madre".²²⁸ Esto puede ser la razón más fuerte y razonable del por qué Jesús entregó su madre al cuidado de Juan, aunque, reconozco que, sigue siendo una conjetura.

Sin embargo, aunque no tengamos la explicación exacta del por qué Jesús le dijo a Juan: "—*Ahí tienes a tu madre*", sí notamos que esta es una palabra que indica el cuidado de Jesús para su madre aun en los últimos momentos de su vida. La entregó al cuidado de alguien que sabía que la protegería. Y así: "desde aquel momento ese discípulo la recibió en su casa".²²⁹

María no quedó desamparada, Jesucristo le consiguió un lugar seguro contra el desprecio de sus propios hijos y contra el odio de los judíos. "Jesús confió a María al cuidado de Juan, y Juan al cuidado de María, de forma que se consolaran mutuamente de su partida".²³⁰ Esto es un claro ejemplo de que, aunque todos te abandonen y no tengas un lugar seguro, la bondad y el cuidado de Jesucristo nunca te dejaran sin un lugar en donde puedas estar seguro y ser al mismo tiempo consolado.

Lo cierto es que, aunque el Evangelio de Jesucristo provoque conjeturas, el que fue crucificado y ahora resucitado, ¡sigue teniendo cuidado de ti! Esto es que, el Evangelio de Jesucristo, siendo Palabra de Dios, es consuelo para el ser humano que ha sido desamparado y desechado por los humanos.

²²⁸   B. H. Carroll. *Comentario Bíblico: Los Cuatro Evangelios. Volumen 6. Tomo II.* Trd. Sara A. Hale. (Terrassa (Barcelona), España. Editorial CLIE. 1986), 50-51
²²⁹   Juan 19:25-26, (NVI).
²³⁰   William Barclay. *Comentario al Nuevo Testamento: Volumen 6: JUAN: II.* (Terrassa (Barcelona), España. Editorial CLIE. 1996), 291

Las palabras de Jesús: "—*Ahí tienes a tu madre*", son todavía un amparo para todo aquel que ha sido desamparado y rechazado en este mundo.

III.- UN LUGAR PARA EL DESAMPARADO.

Cuando yo me entregué a Jesucristo para ser salvo y ministrar en Su Reino, se lo comenté a madre y ella me dijo que eso era para los homosexuales. Poco tiempo después le dije a mi padre que trabajaría en la Obra de Jesucristo como su misionero o como pastor. Su respuesta fue tajante. Me dijo que yo nunca sería un pastor, que eso no era para mí. En mi insistencia en prepararme para servir al Señor, mi padre me dijo: "Si eso es lo que deseas hacer, hazlo, pero no cuentes conmigo. Desde ahora no tienes padre".[231]

Desconsolado salí de la casa de mi padre. Él era cristiano y estaba seguro de que se alegraría de que su hijo mayor fuera un servidor de Jesucristo. Me fallaron mis pensamientos y emociones. Sin embargo, tomé fuerza y consuelo en la Escritura que dice: "Aunque mi padre y mi madre me abandonen, tú, Señor, te harás cargo de mí".[232] Y, hasta hoy día, cincuenta y tres años después, Dios ha tenido cuidado de mí.

El Evangelio de Jesucristo es buena noticia para aquellos que el mundo y familiares han rechazado. Es el Evangelio que no dice que Jesús nos brinda protección y cuidado. Es el Evangelio que nos pone en la Iglesia, la cual llega a ser Nuestra Familia en la fe.

---

[231] Dialogo con mi Padre, el señor Alejandro Barajas, en su casa de Lombardía Michoacán en el verano de 1968.
[232] Salmo 27;10, (DHH).

Jesucristo había dicho que establecería la Iglesia: "...
voy a construir mi iglesia; y ni siquiera el poder de la muerte
podrá vencerla",²³³ fueron sus palabras proféticas. Y, en aquel
lugar llamado el monte Calvario o lugar de la Calavera, en
medio de ese doloroso escenario, Jesús reafirma su propósito
de edificar Su Iglesia y la proclama como un hecho cuando
les dijo a sus seguidores: "... cuando el Espíritu Santo venga
sobre ustedes, recibirán poder y saldrán a dar testimonio de
mí, en Jerusalén, en toda la región de Judea y de Samaria, y
hasta en las partes más lejanas de la tierra".²³⁴

Días después es inaugurada dentro de la ciudad de
Jerusalén con fenómenos admirables: *Lenguas de fuego,
un fuerte viento, un temblor de tierra* y *una compresión de
idioma.* La Biblia dice que: "El día de Pentecostés, todos los
creyentes estaban reunidos en un mismo lugar. De repente, se
oyó un ruido desde el cielo parecido al estruendo de un viento
fuerte e impetuoso que llenó la casa donde estaban sentados.
Luego, algo parecido a unas llamas o lenguas de fuego
aparecieron y se posaron sobre cada uno de ellos. Y todos
los presentes fueron llenos del Espíritu Santo y comenzaron
a hablar en otros idiomas, conforme el Espíritu Santo les daba
esa capacidad".²³⁵

Esta es la Familia de los desamparados; Es la Iglesia con
la que, desde aquel instante en el Calvario, hasta hoy día,
consuela y ampara. Las palabras de Jesús, cuando dijo: "—
Ahí tienes a tu madre", siguen siendo de consuelo porque, al
igual que María, la madre de Jesús Nazareno, que obtuvo un
lugar y una persona para su protección. El cristiano, debe de
estar convencido de que al creer en Jesucristo no solo tiene

²³³ Mateo 16:18b, (DHH).
²³⁴ Hechos de los Apóstoles 1:8, (DHH).
²³⁵ Hechos de los Apóstoles 2:1-4, (NTV).

consuelo y amparo en El, sino que también ha sido recibido en la Familia de Dios.

CONCLUSIÓN.

Las palabras de Jesús: "—*Ahí tienes a tu madre*", que por tradición se les ha llamado; La Palabra Cuidadosa, aún tienen una connotación de bendición para todo hijo e hija de Dios. Es decir que, si tú eres cristiano o cristiana y te apoderas del valor y amor que Dios ha depositado en tu vida para enfrentar toda clase de situación adversa a tus creencias y prácticas, ¡Dios tendrá cuidado de ti!

"—*Mujer, ahí tienes a tu hijo*", y "—*Ahí tienes a tu madre*", son expresiones del Crucificado que afirman que: "Hasta el mismo final de su vida – Jesús - estaba pensando más en los dolores de otros que en los suyos".[236]

Hermano, hermana en Cristo Jesús, el Señor siempre procurará lo mejor para ti. El siempre tendrá una palabra consoladora para tu vida. ¡Él es el Dios de toda consolación!

---

[236] William Barclay. Comentario al Nuevo Testamento: Volumen 6: JUAN: II. (Terrassa (Barcelona), España. Editorial CLIE. 1996), 291.

BOCAS ENMUDECIDAS

"Desde el mediodía y hasta la media tarde,
toda la tierra quedó en oscuridad".

Mateo 27:45, (NVI).

INTRODUCCIÓN.

Los golpes y los azotes que le dieron a Jesucristo fueron terribles; fue un dolor físico que lo soportó de principio a fin. Ahora bien, como dije en el mensaje anterior, como si no fuera suficiente el dolor de estar allí crucificado, todavía tuvo que sufrir el dolor emocional o psicológico que le proporcionaron los soldados, los líderes religiosos y algunos de los judíos presentes en el "Lugar de la Calavera"; ¡ese fue un terrible dolor emocional!

Pareciera que todo sufrimiento ya era suficiente. Sin embargo, aún le quedaba un dolor mucho más terrible que el físico y el emocional; Antes de morir sintió el terrible dolor, que yo llamo: *Dolor Familiar*. ¿Cómo fue ese dolor? Te invito a que lo examinemos brevemente con los siguientes tres puntos; Estos tres puntos son otra parte de este terrible dolor que Jesús experimentó en el "Lugar de la Calavera". ¿Por qué le llamó: *Dolor Familiar?* Porque es un abandono espiritual de parte del Padre Dios. El Padre no quiso ver el rostro desfigurado de Jesús; no solo estaba desfigurado por los golpes que había recibido, sino mucho más por el pecado de toda la humanidad que estaba llevando sobre sí.

¿Qué hizo el Padre para ocultar el rostro de Su Amado Hijo? Provocó un fenómeno natural; provocó un milagro en un tiempo que de acuerdo con la ciencia era casi imposible de suceder. Y, sin embargo, la Biblia dice: "Desde el mediodía y hasta la media tarde, toda la tierra quedó en oscuridad".[237] ¡Tinieblas a la hora más soleada! Bueno, ¿y qué aprendemos de aquellas tinieblas?

I.- ¿QUÉ FUE LO QUE SUCEDIÓ?

Sí, para encontrar las lecciones de este incidente, debemos de preguntarnos: ¿Qué fue lo que sucedió allí en el Calvario? Recordemos que: "Desde las nueve de la mañana hasta el mediodía el Calvario había sido un lugar de mucha actividad. Los soldados habían realizado sus diversas tareas, los transeúntes habían blasfemado. Los principales sacerdotes, los escribas y los ancianos se habían mofado de Jesucristo. Los ladrones, lo habían insultado, aunque uno de ellos se arrepintió. Jesús ya había pronunciado sus primeras tres palabras. Entonces, a las doce del día ocurre algo de

---

[237] Mateo 27:45, (NVI).

un carácter muy dramático. Repentinamente la tierra se oscurece".[238]

El hecho de que el Evangelista Mateo la mencione da entender que esta oscuridad no fue nada normal, fue una oscuridad algo caprichosa. Al parecer fue una oscuridad intensa y, quedó registrada en las Escrituras como un hecho que debe ser recordado en el correr de la historia. Fue una oscuridad que "ocurrió cuando menos se esperaba, al medio día, y duró tres horas".[239] ¡Sí que fue una oscuridad algo caprichosa! En esta acción divina, más que caprichosa, como yo la llamo, las bocas enmudecieron. ¡Todos los presentes en el Calvario se quedaron callados! Si algo se podía escuchar fueron lamentos de espanto y desesperación. Si algo se escuchó, fueron preguntas como: ¿Qué es lo que está sucediendo? ¿Por qué esta oscuridad? ¿Qué es lo que estamos haciendo? ¿Es esto un castigo de Dios?

Pues bien, ¿qué estaba ocurriendo? Lo que sabemos por la Escritura es que: "El tono de burla de los testigos en el Calvario se vuelve de repente sombrío".[240] ¡Todas las bocas se quedan calladas! Si acaso pronuncian algo son expresiones de asombro por lo que están experimentando. Pero, en sí, ¡Todos los presentes en el Calvario enmudecieron!

Algunos piensan que la causa de la oscuridad fue la consecuencia de un eclipse de sol.[241] Sí acaso fue un eclipse

---

[238]   Guillermo Hendriksen. El Evangelio de Mateo: Comentario al Nuevo Testamento. (Grand Rapids, Michigan. Distribuido por T.E.L.L. Subcomisión Literatura Cristiana. 1986),1017

[239]   Guillermo Hendriksen. *El Evangelio de Mateo: Comentario al Nuevo Testamento.* (Grand Rapids, Michigan. Distribuido por T.E.L.L. Subcomisión Literatura Cristiana. 1986),1017

[240]   Matthew Henry. Comentario Exegético-Devocional a toda la Biblia: Mateo. Td. Francisco Lacueva. (Terrassa (Barcelona), España. Editorial CLIE. 1984), 548.

[241]   Matthew Henry. *Comentario Exegético-Devocional a toda la Biblia: Mateo.* Td. Francisco Lacueva. (Terrassa (Barcelona), España. Editorial CLIE. 1984), 548.

de sol, entonces, podemos decir acertadamente que: "Este sorprendente eclipse tenía por objeto tapar las bocas de los blasfemos que escarnecían a Cristo mientras estaba pendiente de la cruz".[242]

¿¡Un eclipse de sol!? Una teoría algo buena. Sin embargo, Nos parece que: "No se trató de un eclipse solar, porque la pascua tenía lugar en luna llena; más bien fue un acto insólito de Dios".[243] Es decir que, cuando hablamos de la oscuridad que sucedió en el Calvario desde las doce del día hasta las tres de la tarde, esta oscuridad "no puede referirse a un eclipse en el sentido técnico o astronómico... porque eso fue imposible en el tiempo de la Pascua... Además, tal eclipse no podría haber durado tres horas".[244] Y, menos con una densidad como la que se sugiere en la lectura del Evangelio de Mateo, pues no dice que se nubló el lugar, sino que dice que: "Toda la tierra quedó en oscuridad".[245]

Así que, no fue un eclipse solar, sino que fue un milagro que enmudeció las bocas de los presentes en el Calvario. Al parecer, aun la boca del mismo Señor Jesús quedó en silencio por tres horas.

Fue un silencio sepulcral. ¡Todo mundo enmudeció! Las fuerzas de la muerte se hacían presentes, el Hijo de Dios estaba en los últimos momentos de su agonía humana y divina: Humana porque Jesús fue y es un verdadero ser humano, nacido de una mujer llamada María y, divina, porque estaba

---

[242]   Matthew Henry. *Comentario Exegético-Devocional a toda la Biblia: Mateo.* Td. Francisco Lacueva. (Terrassa (Barcelona), España. Editorial CLIE. 1984), 548.

[243]   Michael J. Wilkins. *Comentario Bíblico con Aplicación: MATEO: Del texto bíblico a una Aplicación Contemporánea.* (Nashville, Tennessee, USA. Editorial Vida. 2016), 902.

[244]   Guillermo Hendriksen. *El Evangelio de Mateo: Comentario al Nuevo Testamento.* (Grand Rapids, Michigan. Distribuido por T.E.L.L. Subcomisión Literatura Cristiana. 1986),1017

[245]   Mateo 27:45, (NVI).

cargando sobre su divinidad; sobre su persona, el peso del pecado de cada uno de nosotros.

Para mi gusto, hubiese sido mucho mejor que cada uno de los presentes en el "Lugar de la Calavera", al ser testigos de este maravillo milagro, cambiaran sus corazones para bien. Sin embargo: "Aun cuando no se cambiaron sus corazones, al menos enmudecieron sus bocas, perplejos ante lo que ocurría".[246]

Un día, a diferencia del Calvario, toda boca se abrirá. Se abrirá para lamentarse o para dar un grito de; ¡Aleluya! ¡Cristo reina! Ese día será cuando el Crucificado, Muerto y Resucitado, aparezca en las nubes, en su Segunda venida. En ese día; ¡Toda boca se abrirá! Será un evento completamente diferente a lo que sucedió en el Calvario: ¡Un evento lleno de luz! ¡La gloria de Jesucristo iluminará toda la tierra! Las tinieblas, para muchos, ¡desaparecerán! Es decir que, aquel día será un día glorioso.

II.- LAS TINIEBLAS, EL USO BÍBLICO.

"Mucho se ha escrito sobre esta oscuridad. ¿Qué la causó? ¿Cuánto territorio abarcó? ¿Tenía algún significado? ... Lo que podemos afirmar es que 'Dios la produjo'."[247] Y sí, sí tiene un significado, un significado que lo veremos más adelante, porque aquí nos enfocaremos en el uso bíblico de la oscuridad.

---

[246] Matthew Henry. *Comentario Exegético-Devocional a toda la Biblia: Mateo.* Td. Francisco Lacueva. (Terrassa (Barcelona), España. Editorial CLIE. 1984), 548.
[247] Guillermo Hendriksen. *El Evangelio de Mateo: Comentario al Nuevo Testamento.* (Grand Rapids, Michigan. Distribuido por T.E.L.L. Subcomisión Literatura Cristiana. 1986),1017

Por nuestra propia experiencia sabemos que la luz y la oscuridad son antagónicos; no se llevan entre sí. También sabemos que la luz es un símbolo de lo bueno mientras que las tinieblas de lo malo. Ahora bien, tanto en el Antiguo Testamento como en el Nuevo, la luz simboliza a Dios, mientras que la oscuridad sugiere todo lo contrario a Él.

Las tinieblas o la oscuridad en la Biblia significan:

1.- *Los impíos.*

"La discreción te guardará; Te preservará la inteligencia, Para librarte del mal camino, de los hombres que hablan perversidades, que dejan los caminos derechos, para andar por sendas tenebrosas; que se alegran haciendo el mal, que se huelgan en las perversidades del vicio". (Prov. 2:13-14, NVI).

2.- *El juicio.*

"El Señor le dijo a Moisés: 'Levanta los brazos al cielo, para que todo Egipto se cubra de tinieblas, ¡tinieblas tan densas que se puedan palpar!'". (Éxodo 10:21, NVI).

"Y a ese siervo inútil échenlo afuera, a la oscuridad, donde habrá llanto y rechinar de dientes". (Mateo 25:30, NTV).

3.- *La muerte.*

"En las sombras de la muerte, donde todo se olvida, ¿habrá quién reconozca tu rectitud y maravillas?" (Salmo 88:13, DHH).

Si resumimos lo que he dicho anteriormente, notaremos que: "La salvación trae luz a los que están en tinieblas (Mat. 4:16). El momento del juicio supremo de Dios, el día del Señor, es un día de oscuridad (Am 5:18, 20; Jl 2:22; Sof 1:15; Mt 24:29; Apocalipsis 6:12-17)".[248] Será otro día o tiempo en que nuevamente las bocas enmudecerán.

En todo el ministerio terrenal de Jesucristo, siempre tuvo una lucha contra las huestes de maldad, aquellas que simbolizaban la oscuridad y la existencia del pecado. Es decir que, en los evangelios notamos a Cristo en su conflicto con las tinieblas. Su culminación de la lucha fue en el Calvario; allí, la victoria, fue total y definitiva.

De una manera simbólica, ¿qué sucedió con aquella oscuridad en el Calvario? ¿Qué más nos enseña este milagro divino realizado en el "Lugar de la Calavera"? Aquellas tinieblas manifestaron:

1.- Que Satanás tiene limitaciones.

Aun con todo el esfuerzo que hizo para derrotar a Jesucristo, al fin se da cuenta que no puede vencer al Crucificado. Se da cuenta que, aun sin el apoyo de su Padre, el poder de Jesucristo es mucho mayor que el de él. Hasta allí llegó Satanás y allí se detuvo, no pudo avanzar más. Por más que incitó a la gente, Jesucristo los siguió amando y en un momento dado, dijo: "Padre, perdónalos porque no saben lo que hacen".[249] Es decir que, Jesucristo suplicaba al Padre perdón para aquellos que injuriaban, diciéndole: Padre, perdónalos, no se dan cuenta que Satanás los está incitando contra mi persona. Perdónalos.

---

[248] Guillermo Hendriksen. *El Evangelio de Mateo: Comentario al Nuevo Testamento.* (Grand Rapids, Michigan. Distribuido por T.E.L.L. Subcomisión Literatura Cristiana. 1986),1017.

[249] Lucas 23:34, (RV, 1960).

Y, el poder satánico quedó limitado. Cuando Jesús fue arrestado, se entregó voluntariamente y les aclaró: "... esta es vuestra hora, y la potestad de las tinieblas".²⁵⁰ Se trata pues, "de una victoria pasajera de las fuerzas del mal (I Co 2:8); la victoria final pertenece a Dios (Jn. 1:5; Col 1:13)".²⁵¹ Ese poder satánico que estaba incitando a las personas para que injuriaran a Jesús, ese poder satánico que incitaba a la gente religiosa para que blasfemaran contra Jesucristo, de un momento a otro, ¡todas las bocas enmudecieron! ¡El poder satánico no pudo ir más allá! Aun el mismo Satanás, al parecer, también enmudeció. ¡El crucificado limitó su poder!

2.- Las tinieblas manifestaron que Dios estaba disgustado con la humanidad por haber crucificado a su Amado Hijo.

Y como su Amado Hijo se había entregado voluntariamente a la Obra Redentora, entonces, Dios Padre, no quiso ver, ni quería que la gente siguiera viendo el rostro desfigurado de su Hijo a causa de los golpes y el peso del pecado, entonces, lo cubrió con el mismo símbolo del pecado: ¡Con la oscuridad! Al mismo tiempo que enmudecía las bocas de los presentes en el Calvario.

3.- La oscuridad del Calvario simboliza "el juicio divino sobre los pecados del mundo".252

La Biblia dice que la paga del pecado es la muerte y luego agrega que está establecido para la humanidad que mueren una sola vez y después el juicio. Las tinieblas ilustran

²⁵⁰   Lucas 22:53c, (RV, 1960).

²⁵¹   Comentario en la *Biblia de Estudio Esquemática*. (Brasil. Sociedades Bíblicas Unidas. 2010), 1549.

²⁵²   Michael J. Wilkins. *Comentario Bíblico con Aplicación: MATEO: Del texto bíblico a una Aplicación Contemporánea*. (Nashville, Tennessee, USA. Editorial Vida. 2016), 902.

que llegará un día en que algunos pasaran por momentos críticos; será un tiempo en que sus bocas se cerraran porque no tendrán ningún argumento válido contra el Rey de reyes y Señor de señores.

Sin embargo, en medio de ese caos de oscuridad, habrá personas que, por causa del amor de Dios manifestado en su Hijo Jesucristo y su perdón Redentor, ganado en aquellas tres horas de tinieblas, disfrutarán de la victoria de Jesús y estarán con El en Su gloria. Allí, se abrirán nuevamente las bocas, pero ahora para decir: "¡El Cordero que fue sacrificado es digno de recibir el poder y la riqueza, la sabiduría y la fuerza, el honor, la gloria y la alabanza!".²⁵³ ¡Amén!

III.- LAS TINIEBLAS SIMBOLIZAR UN RECHAZO DIVINO.

Aunque ya lo he mencionado, lo vuelvo a repetir: "Aquella oscuridad es el comienzo del juicio de Dios sobre un mundo que condenó a muerte a aquel que trajo el reino de Dios".²⁵⁴ Es verdad que Jesucristo mostró el gran amor que tiene para cada ser humano; de eso no tengo la menor duda. Sin embargo, el otro lado de la moneda es que todos; ¿me escucharon bien? ¡Todos! Toda la raza humana pasaremos por un juicio; es el juicio en donde el supremo Juez hará la siguiente declaración: "Cuando el Hijo del hombre venga, rodeado de esplendor y de todos sus ángeles, se sentará en su trono glorioso. Y dirá el Rey a los que estén a su derecha: "Vengan ustedes, los que han sido bendecidos por mi Padre; reciban el reino que está preparado para ustedes desde que Dios hizo el mundo. Luego

²⁵³   Apocalipsis 5:12, (DHH).
²⁵⁴   Comentario en la *Biblia de Estudio Esquemática*. (Brasil. Sociedades Bíblicas Unidas. 2010), 1480

el Rey dirá a los que estén a su izquierda: "Apártense de mí, los que merecieron la condenación; váyanse al fuego eterno preparado para el diablo y sus ángeles".[255]

¡Duras palabras! ¡Sí, son duras! Pero no tan duras como el rechazo que sufrió Jesucristo por parte de su Padre cuando estaba cargando tu pecado y el mío. Ambos casos son incomprensibles, pero al mismo tiempo verídicos. Fue en ese tiempo del rechazo divino que la tierra se oscureció. "Pero ¿qué fue lo que la oscureció?"[256] Creo que la mejor respuesta es que al estar, Jesús, cargado del pecado de toda la humanidad, el pecado de la toda la historia humana, Dios Padre, quien es Todo Santo, no quiso ver a su Hijo en esas condiciones y lo cubrió con un manto de oscuridad; un rechazo que Jesús lo sintió profundamente: ¡Fue el rechazo de Su Padre! Jesús lo había obedecido en todo; siempre hizo la voluntad del Padre y, ahora, en el momento en que más necesitaba de su apoyo, ¡lo abandonó! Y, Jesús, sintió el rechazo familiar.

Esto, pues, era de esperase, pues la Biblia dice que, Jesús estaba completamente saturado de pecado, aunque no cometió ningún pecado en toda su vida terrenal. Sin embargo, el apóstol Pablo dijo que: "... Cristo nos ha rescatado de la maldición dictada en la ley. Cuando fue colgado en la cruz, cargó sobre sí la maldición de nuestras fechorías. Pues está escrito: 'Maldito todo el que es colgado en un madero'."[257] La Versión Reina Valera 1960, dice: "Cristo nos redimió de la maldición de la ley, hecho por nosotros maldición (porque está escrito: Maldito todo el que es colgado en un madero".

255   Mateo 25:31-45, (DHH).

256   Guillermo Hendriksen. *El Evangelio de Mateo: Comentario al Nuevo Testamento*. (Grand Rapids, Michigan. Distribuido por T.E.L.L. Subcomisión Literatura Cristiana. 1986),1017

257   Gálatas 3:13, (NTV).

Un acto Redentor nada fácil. Todo lo contrario, fue un acto de valor, fue una decisión suprema, fue un paso de mucho dolor. "Se sugiere – en el texto que hemos leído – que en ese momento todo el peso del pecado del mundo cayó sobre el corazón y el ser de Jesús; que ese fue el momento en que el Que no conoció pecado fue hecho pecado por nosotros (2 Corintios 5:21); y que el castigo que El sufrió por nosotros implicó la inevitable separación de Dios".[258] Esto es lo que produce el pecado: ¡Separación de Dios! Es decir que, mientras tú y yo permanezcamos en pecado, estamos separados de Dios.

Así que, lo que debemos de considerar en este caso es que lo que allí, en el Calvario, sucedió, "fue un milagro, un acto especial de Dios",[259] que enmudeció las bocas de los presentes y que, nos deja un camino hacia la libertad. ¡Él nos hizo libres!

CONCLUSIÓN.

Las tinieblas cerraron las bocas de todos los que estaban en el "Lugar de la Calavera". No importa lo que digan los burladores, los soldados abusivos, los blasfemos, los ladrones y los religiosos, un día, Dios les cerrará sus bocas.

Mi pregunta para ti es: ¿También tu boca se cerrará? ¿Será que en ese día no tendrás ninguna excusa delante del que fue crucificado y que ahora está en gloria?

---

[258]   William Barclay. *Comentario al Nuevo Testamento: Volumen 2: MATEO: II.* Trd. Alberto Araujo. (Terrassa (Barcelona), España. Editorial CLIE. 1997), 425.

[259]   Guillermo Hendriksen. *El Evangelio de Mateo: Comentario al Nuevo Testamento.* (Grand Rapids, Michigan. Distribuido por T.E.L.L. Subcomisión Literatura Cristiana. 1986),1017

Tú y yo estaremos un día ante el que fue crucificado, que murió y que resucitó; ¡Un día estaremos ante el Señor Jesucristo! En ese día, ¿se abrirá tu boca para adorar al que vive y reina para siempre? ¿Oh, se abrirá para pronunciar lamentos? ¿Qué dirás en aquel día? Hoy tienes la oportunidad de saber lo que saldrá de tu boca.

¿POR QUÉ, SEÑOR?

-La cuarta palabra: La palabra patética-

"A eso de las tres de la tarde, Jesús clamó en voz fuerte: 'Eli, Eli, ¿lema sabactani?', que significa 'Dios mío, Dios mío, ¿por qué me has abandonado?'."

Mateo 27:46, (NTV).

INTRODUCCIÓN.

Tradicionalmente, a esta cuarta palabra de Jesús, pronunciada desde la cruz, se le llama: *La Palabra Patética*. Lo patético es aquello: "que denota gran angustia o padecimiento moral,". Es decir que hemos llegado al punto más profundo de la cruz. Jesús se sintió desamparado por el Padre. Por cierto, pues, hemos llegado al texto más misterioso de toda esta escena de la Pasión de Cristo.

Para continuar con la pregunta de nuestro tema: ¿Por qué, Señor?, nos interrogamos, diciendo: ¿Por qué el texto de Mateo 27:46 es el más misterioso de la escena de la Pasión? Y como respuesta nos hacemos otras tres preguntas: ¿Cómo es posible que Dios haya abandonado al justo? ¿Cómo es posible que el Padre haya abandonado al Hijo Amado en el cual estaba su complacencia? ¿Cómo es posible que Dios se desampare así mismo?

No tengo las respuestas correctas a estas preguntas, pero lo que si tengo son otras tres preguntas:

I.- ¿POR QUÉ, JESÚS, TUVO QUE PASAR POR UN DESAMPARO?

El Evangelista Mateo relata que: "A eso de las tres de la tarde, Jesús clamó en voz fuerte: "… 'Eli, Eli, ¿lema sabactani? (¿Dios mío, Dios mío, porqué me has desamparado?')."[260] "Las expresiones de Jesús y sus dolorosos gritos en la cruz son la consecuencia de su sufrimiento humano. … Ninguno de estos clamores es tan poderoso como: 'Dios mío, Dios mío, ¿por qué me has desamparado?' (27:45-46)".[261]

*Es un grito en el que Jesús estaba expresando el dolor de la experiencia en total conciencia de la consecuencia de la paga del pecado, la cual era la muerte y al mismo tiempo la separación del que es Todo Santo.
*Jesús estaba "experimentando la muerte por los pecados de la humanidad".[262]

---

[260]   Mateo 27: 46a, (NTVI).

[261]   Michael J Wilkins. *Comentario Bíblico con Aplicación: MATEO: Del texto bíblico a una Aplicación Contemporánea*. (Nashville, Tennessee, USA. Editorial Vida. 2016), 918.

[262]   Michael J Wilkins. *Comentario Bíblico con Aplicación: MATEO: Del texto bíblico a una Aplicación Contemporánea*. (Nashville, Tennessee, USA. Editorial Vida. 2016), 918.

*Es, pues, "Un dicho – en alta voz - ante el cual debemos de postrarnos con reverencia, aunque también debemos de tratar de comprenderlo".[263]

Les invito a que notemos el tono en que Jesús expresó estas palabras:

*No es un lamento o grito de resignación. Jesús sufrió el martirio, pero no fue un mártir; todo lo hizo voluntariamente.

*No fue un lamento de rencor porque Su Padre lo había abandonado. Jesús sabía que estaba cargando el pecado y eso afectaba su comunión con el Padre.

*No es un grito de uno que no entiende lo que está sucediendo. Jesús sabía que esta era la única manera de redimir al ser humano de esclavitud del pecado.

*No es un grito de una manera interrogativa con desprecio, sino de una manera sentimental; Jesús siente el abandono de su Padre.

*Es, pues, un grito de alguien que está consciente de lo que está haciendo y, aunque es abandonado por su Padre, aun así, continua con su Misión Redentora.

Ciertamente el abandono de su Padre es doloroso para el Crucificado. Por eso lo expresa a gran voz; fue un grito de:

*¡Necesito tu apoyo! ¡Dios mío! ¡Dios Mío!
*¡Fue una interrogación de profundo dolor familiar! El Padre lo abandonó.

---

[263]   William, Barclay. *Comentario al Nuevo Testamento: Volumen 2: MATEO: II.* Trd. Alberto Araujo. (Terrassa (Barcelona), España. Editorial CLIE. 1997), 424.

* Fue un grito que "indica la extrema intensidad de su dolor y angustia. Todo el peso del pecado estaba sobre El.
* Fue un grito que salió de - la fuerza que quedaba en su naturaleza humana.
* Fue un grito que indicaba – el anhelo de su espíritu al expresarla".[264] *"Dios mío, Dios mío, ¿Por qué me has desamparado?* Pregunta que muestra el anhelo del compañerismo de su Padre en esos momentos críticos.

En la interrogación del Crucificado existen una doble expresión: *"Dios mío, Dios mío"*. Esto es que, aun en las circunstancias más espantosas, desastrosas y dolorosas por las que Cristo estaba pasando, aun Dios, ¡era su Dios! Un ejemplo perfecto de que en cualquier circunstancia en la que te encuentres, Dios, ¡siempre será tu Dios!

Otra de las grandes verdades que encontramos en la Teología Cristiana es que en aquel momento en que las tinieblas cubrieron el rostro de Jesucristo el rostro de Dios Padre también se ocultaba de la presencia de Jesús quien llevaba tú pecado y el mío. Es decir que: "El rostro del padre fue alejado de su Hijo para que todos los que merecemos estar fuera de su santidad, fuera de la presencia del Dios todopoderoso, ahora podamos vivir en su presencia".[265]

---

[264]   Matthew Henry. *Comentario Exegético-Devocional a toda la Biblia: Mateo.* Td. Francisco Lacueva. (Terrassa (Barcelona), España. Editorial CLIE. 1984), 549.

[265]   Aaron Burgner. *Comentario en El Evangelio.* (La Habra, California. Internet. Publicado por el Centro Educativo Indígena. Consultado el 26 de agosto del 2021), ¿? https://www.facebook.com/centroeducativoindigena/photos/a.571382076259692/3385425331522005/

II.- ¿POR QUÉ, JESÚS, SE IDENTIFICÓ CON EL SER HUMANO PERDIDO ?

Esta es la segunda pregunta de esta mañana. ¿Por qué, Jesús, se identificó con el ser humano perdido? Increíblemente, el Todo Santo, el que nunca cometió un solo pecado: *Jesucristo tuvo el valor y la humildad de identificarse con los pobres. Jesús, en su vida terrenal nunca se identificó con los poderosos de su tiempo. Jesús nació humilde, en una aldea casi desconocida en el territorio de Galilea. Jesús no nació en la popular ciudad de Jerusalén en donde nacieron casi todos los reyes de Judá.

*Tuvo el atrevimiento de identificarse con la persona pecadora. Tocó a los leprosos que eran malditos o pecadores por ser leprosos. Comió en las casas de los publicanos a quienes se les consideraba pecadores. Dejó que una mujer considerada pecadora le tocara sus pies.

*Tuvo la bondad de identificarse con la persona que está separada de Dios. Su meta fue y es unir a las personas separadas por el pecado con el Dios Todo Santo.

*Jesús, tuvo el valor de identificarse con aquel que sabe que está imposibilitado de alcanzar salvación. Él se hizo el puente para que el pecador pudiera llegar a Dios. El dijo que era el Camino, la verdad y la vida y que nadie podría llegar al Padre sino era por medio de él.[266]

*Con justa razón, el apóstol Pablo dijo que Jesús se hizo maldito; nadie lo hizo, el voluntariamente se identificó con la raza maldita por el pecado.[267] En los momentos en que Satanás lo tentó ofreciéndole los reinos de este mundo, Jesucristo tomó la decisión de seguir ministrando para otro

---

[266]   Juan 14:6. Trasliterado por Eleazar Barajas.
[267]   Gálatas 3:13.

reino: ¡Para el reino de Dios! Cuando el Enemigo le ofreció riquezas, Él le dijo no. Cuando le ofreció poder, Él le dijo no. Aun cuando le ofreció que se lanzara al vacío pues los ángeles le sostendrían, Él le no.[268] Jesús sabía lo que le esperaba: La Cruz. Sabía que, al identificarse con cada una de las condiciones humanas, le acercaría más a la Cruz y, sin embargo, ¡lo hizo por amor a la humanidad! Cuando llegó a la cruz, su rostro estaba demasiado desfigurado un tanto por los golpes de los soldados le había dado y otro tanto por el peso del pecado que estaba sobre él. El profeta Isaías se preguntó: "¿Quién ha creído a nuestro mensaje y a quién se le ha revelado el poder del Señor?" Y, luego comenta acerca del Mesías de Dios, diciendo que: "Creció en su presencia como vástago tierno, como raíz de tierra seca. No había en él belleza ni majestad alguna; su aspecto no era atractivo y nada en su apariencia lo hacía deseable. Despreciado y rechazado por los hombres, varón de dolores, hecho para el sufrimiento. Todos evitaban mirarlo; fue despreciado, y no lo estimamos".[269] Esta es la escena que se podía ver en el Calvario. Jesús estaba complemente desfigurado y, además, cargando el pecado de todos. Con justa razón Su Padre, en su dolor de corazón por lo que le estaban haciendo y diciendo a Su Amado Hijo, decidió esconder su rostro de los mirones y al mismo tiempo de Su santidad. Y, entonces, pues, con justa razón, Jesús, sintiendo la separación de su Padre, exclama: *"¡Dios mío, Dios mío, ¿por qué me has desamparado?"*[270]

En esas condiciones, el Padre, quien también es Todo Santo, en las horas más agonizantes del crucificado, ¡No pudo

---

268   Mateo 4:1-11

269   Isaías 53:1-4, (NVI).

270   Mateo 27:46, (RV, 1960).

tener una comunión con su Amado Hijo! Y, Jesucristo, en las horas más críticas allí en el Calvario, sintió el abandono de su Padre. Y por eso clama: *"Dios mío, Dios mío, ¿por qué me has abandonado?".271*

En este sentido, el grito de Jesús en cruz tiene el propósito de señalar el profundo abismo que existe entre Dios y el ser humano. Al clamar en el estado de desamparo, Jesús revela que, en el sentido más profundo de la palabra, todos nosotros somos desamparados; al mismo tiempo que notamos que todos nosotros necesitamos el amparo del que puede salvarnos.

En esta expresión de Jesús, "tenemos lo que tiene que haber sido la frase más alucinante de toda la historia evangélica: El grito de Jesús: "Dios mío, Dios mío, ¿por qué me has desamparado?".272 Este es un grito que se escucha todavía en el mundo anunciando, cual trompeta, que la Redención de la humanidad había comenzado. El Justo fue desamparado para que, ¡nosotros fuésemos amparados!

El ¿por qué, Jesús, se identificó con el ser humano perdido? Porque su Misión fue una Misión Redentora. La única manera de cumplir con esta misión era identificarse al cien por ciento con la humanidad, por eso nació como cualquier otro ser humano; vivió como vivían todos los seres humanos de su tiempo, con la excepción de que nunca pecó. Y, sufrió todos los dolores y mucho más que cualquier ser humano haya sufrido.

Así que, regresando a la Teología Cristiana, con ella nos han enseñado que el pecado es separación y muerte. El grito del Crucificado fue porque estaba experimentando la

---

271   Mateo 27:46, (NVI).

272   William, Barclay. *Comentario al Nuevo Testamento: Volumen 2: MATEO: II.* Trd. Alberto Araujo. (Terrassa (Barcelona), España. Editorial CLIE. 1997), 424.

separación familiar; su padre lo había abandonado a causa del pecado que estaba sobre El y, además, estaba en los últimos minutos de vida terrenal. Puedo, pues, decir que, tú pecado y el mío, lo separaron de Dios y le causaron la muerte física. Jesús murió, no solo para darnos la libertad de nuestros pecados, sino también para darnos vida eterna. ¡Jesús, se identificó con nosotros!

III.- ¿POR QUÉ, LA GENTE SE ENSAÑÓ CONTRA JESÚS?

Llegamos a la tercera pregunta del Por qué. ¿Por qué la gente se ensañó contra Jesús? El abandono del Padre fue: "El más grave de todos los sufrimientos de Cristo., y por eso fue aquí en donde pronunció su más dolorida queja. Hasta entonces, el Padre había estado cerca de Él; ahora se aleja de él, no física, sino moralmente. … no hay nada que cause tanto dolor como la cercanía física sin consuelo, sin ayuda y sin apoyo".[273] Y Cristo Jesús pasó por esta amarga y desesperante experiencia.

El Evangelista Mateo dice que cuando los soldados escucharon la súplica de Jesús, pensaron que estaba llamando al profeta Elías. Sin embargo, algunos o tal vez uno de ellos, se dispuso a consolar un poco al sediento Crucificado; le ofreció vinagre. "Otros, por el contrario, continuaron con su propósito de mofarse y burlarse de él…".[274] Le dijeron al

[273]   Matthew Henry. *Comentario Exegético-Devocional a toda la Biblia: Mateo.* Td. Francisco Lacueva. (Terrassa (Barcelona), España. Editorial CLIE. 1984), 549.
[274]   Matthew Henry. *Comentario Exegético-Devocional a toda la Biblia: Mateo.* Td. Francisco Lacueva. (Terrassa (Barcelona), España. Editorial CLIE. 1984), 550.

soldado misericordioso: "... —Déjalo, a ver si Elías viene a salvarlo".[275]

Claramente, la expresión "deja" o "déjalo", indica, "no le prestes ninguna ayuda ni consuelo; allá que se las arregle con Elías".[276]

Por corazones tan duros y crueles, llenos de pecado, es que Jesucristo llegó hasta la cruz. Por este tipo de personas es que el Señor Jesús, tuvo que clamar desde lo más profundo de su ser con un gran grito de angustia: "*Eli, Eli, ¿lema sabactani?*", que significa 'Dios mío, Dios mío, ¿por qué me has abandonado?'."[277] Jesucristo usó la expresión que se encuentra en el Salmo 22, un Salmo "escrito por un hombre enfermo, moribundo y que también es perseguido por enemigos crueles".[278] Lo que el salmista expresa en su primer versículo es una expresión de dolor y desesperación, asuntos que se aplican muy acertadamente a los sufrimientos de Jesús en la cruz del Calvario.[279]

"El Salmo 22 surgió de una experiencia de sufrimiento muy intenso. El que sufre se siente muy solo, abandonado, pero sigue confiando en Dios",[280] por eso clama con profundo sentimiento: "*Eli, Eli, ¿lema sabactani?*", que significa 'Dios mío, Dios mío, ¿por qué me has abandonado?'."

---

[275]   Mateo 27:49, (DHH).

[276]   Matthew Henry. *Comentario Exegético-Devocional a toda la Biblia: Mateo.* Td. Francisco Lacueva. (Terrassa (Barcelona), España. Editorial CLIE. 1984), 550.

[277]   Mateo 27:46, (NTV).

[278]   Comentario en la *Biblia de Estudio Esquemática.* (Brasil. Sociedades Bíblicas Unidas. 2010), 795.

[279]   Comentario en la *Biblia de Estudio Esquemática.* (Brasil. Sociedades Bíblicas Unidas. 2010), 795.

[280]   Eduardo Nelson G., Mervin Breneman, Ricardo Souto Copeiro y otros. *Comentario Bíblico Mundo Hispano: Salmos: Tomo 8.* (El Paso, Texas. Editorial Mundo Hispano. 2002), 119.

El anhelo de Jesucristo con su Obra Redentora y Salvífica es hacer un nuevo mundo; un mundo en donde la justicia, el amor, la bondad y la misericordia de Dios sean las reinas entre la raza humana. Un mundo en donde el Fruto del Espíritu brille con una luz como las más poderosas lámparas que conocemos. Una luz que se pueda ver a grandes distancias como las luces que existen en el nuevo World Trade Center, en donde estuvieron las Torres Gemelas de Nueva York.

Este tipo de nuevo mundo sería lo ideal para Aquel que un día, allá en el Calvario exclamó: "Dios mío, Dios mío, ¿por qué me has abandonado?". "Sin embargo, el presente mundo de maldad no ha llegado a su fin, ni el nuevo está todavía presente en su forma plena y definitiva. El mal y el pecado siguen existiendo,".[281] Esta es una realidad presente, muy de nosotros.

CONCLUSIÓN.

¿Por qué pasan cosas o eventos en nuestra vida que no entendemos? No siempre tenemos una respuesta al por qué y, por eso, al igual que Jesús, debemos de decir Hágase tu voluntad. Nuestra suplica debe ser Dios mío, Dios mío, hágase tu voluntad.

[281]   Douglas J. Moo. *Romanos: Comentario con aplicación; del texto bíblico a una aplicación contemporánea.* (Miami, Florida. Editorial Vida. 2011), 206.

VERDADERO SER HUMANO

-*La quinta palabra: La palabra expresiva-* "*Tengo sed*".

"*Después de esto, como Jesús sabía que ya todo*
se había cumplido, y para que se cumpliera
la Escritura, dijo: —Tengo sed".

Juan 19:28, (DHH).

INTRODUCCIÓN.

¿Alguna vez has sentido una sed a tal grado que sientes que tu lengua se ha pegado al paladar? ¿Alguna vez has sentido una sed a tal grado que ya no puedes hablar? ¿Alguna vez has sentido una sed tan intensa que estarías dispuesto a tomar de cualquier clase de agua? Si tus respuestas son afirmativas es porque eres un ser humano, si fueras un robot o un fantasma o una cosa inanimada, la falta de agua no te afectaría.

Ahora piensa en esto. Jesús fue arrestado la noche del jueves, de *La Ultima Semana* de su vida terrenal, no lo dejaron dormir en toda la noche. A las nueve de la mañana del viernes, estaba crucificado. Supongamos que lo arrestaron a la 12:00 p.m. del jueves, la caminata hacia la casa de los sumos sacerdotes, la caminata hacía el palacio de Poncio Pilatos, la caminata hacia la residencia de Herodes, el regreso al Palacio de Pilatos, la caminata hacia la cúspide del monte Calvario y, además, ya tenía más de tres horas en la cruz y con el sol incandescentes de Jerusalén, era lógico que Jesús tuviera sed.[282]

Lo que podemos ver en el relato histórico que nos presentan los Evangelistas sobre esta terrible escena es admirable y al mismo tiempo milagrosa; ¿Cómo pudo Jesús aguantar tanto tiempo sin tomar agua? Recordemos que estaba sangrando y eso amerita más agua para evitar la deshidratación. ¿Cómo podía aun gritar cuando la falta de agua seca la boca? Existen por lo menos tres lecciones sobre esta escena y esta expresión del Crucificado en las que nosotros debemos de meditar en esta mañana:

I.- JESÚS ERA UN SER HUMANO.

Al correr de la historia acerca de la vida de Jesucristo han surgido suficientes historias, cuentos, mitos, leyendas, diferentes filosofías en cuanto a la vida y ministerio de Jesucristo, y conceptos teológicos. Por ejemplo: "El docetismo (del griego koiné δοκεῖν/δόκησις, dokeîn "parecer, aparecer", dókēsis "aparición, fantasma"), en la historia del cristianismo, designa un conjunto de tendencias cristológicas heterodoxas presentes en los primeros siglos del cristianismo sobre la verdadera naturaleza de Jesucristo, su existencia histórica y

---

[282]   *AccuWeather.* Por ejemplo, de acuerdo a esta institución, el día 2 de abril, que fue viernes, de este año 2021, la temperatura máxima en Jerusalén fue de 53 ° y la mínima de 45°. Hoy, agosto 31 del 2021, la temperatura en Jerusalén es de 74°F. (La Habra, California. Internet. Consultado el 31 de agosto del 2021), ¿? https://www.accuweather. com/es/il/jerusalem/213225/april-weather/213225?year=2021

corporal, y sobre todo su forma humana, que era una simple apariencia sin ninguna naturaleza carnal. En general, se toma como la creencia de que los sufrimientos y la humanidad de Jesucristo fueron aparentes y no reales, su forma humana fue una mera ilusión".[283]

Una de las filosofías del Siglo I de la Era Cristiana es el Gnosticismo. En mi libro titulado: *Y Vimos Su Gloria*, he comentado que: "El gnosticismo (del griego antiguo: γνωστικός gnōstikós, 'tener conocimiento') es un conjunto de antiguas ideas y sistemas religiosos que se originó en el siglo I entre sectas judías y cristianas antiguas".[284]

Dos de sus principales doctrinas fueron: *Primero*, la separación del dios de la creación del dios de la redención. La *segunda*, su énfasis en el conocimiento secreto que solo las personas divinas podían entender.[285]

Esta filosofía, desde ese tiempo hasta hoy día, han hablado de Jesucristo de diferentes maneras, algunas de ellas hasta lo han despojado de su divinidad, dejando a Jesús como un mero hombre.

Por ejemplo, el filósofo austriaco, erudito literario, educador, artista, autor teatral, pensador social y ocultista, Rudolf Steiner, enseñó que: "El proceso de maduración de Jesús, que ocurrió a sus 30 años ... alcanzó el estado de Cristo".[286] Es decir que antes solo fue un mero hombre, no

---

[283] Wikipedia, la enciclopedia libre. *Docetismo*. (La Habra, California. Internet. Consultado el 7 de septiembre del 2021), ¿? https://es.wikipedia.org/wiki/Docetismo

[284] Wikipedia: la enciclopedia libre. *Gnosticismo*. (La Habra, California. Internet. Consultado el 28 de agosto del 2021), ¿? https://es.wikipedia.org/wiki/Gnosticismo

[285] Leticia Calcada: Editora General. *Diccionario Bíblico Ilustrado Holman*. (Nashville, Tennessee. USA. B&H Publishing Group. 2008), 694.

[286] Luis Alberto Hará. - *Una Mirada mística a la Figura de Jesucristo (o a la divinidad arquetípica del ser humano)*. (La Habra, California. Internet. Artículo publicado el 25 de diciembre del 2015. Consultado el 27 de agosto del 2021), ¿? https://pijamasurf.com/2015/12/una-mirada-mistica-a-la-figura-de-cristo-o-la-divinidad-arquetipica-al-interior-del-ser-humano/

era Dios; Era solo Jesús de Nazaret. El teólogo John Hepp, uno de mis profesores en el Instituto y Seminario Bíblico de Puebla, Puebla, México, ¡Creía lo mismo! ¡Sí, Jesucristo fue un verdadero ser humano! La Biblia lo asegura. Nació como cualquier otro ser humano, su madre fue María, una joven de Nazaret en Galilea.[287] A causa de un edicto real, Jesús nació en Belén de Judea.[288] Es decir que Jesús nació entre los judíos y creció en la aldea de Nazaret para que se cumpliera la Escritura de que sería llamado Nazareno.[289]

Jesucristo sufrió o padeció todo lo que los seres humanos sufrimos: dolor, hambre, frio, calor, sed, angustia, se cansó de caminar, se durmió en una barca y hasta se enojó.[290]

¡Sí, Jesús fue un ser humano con las mismas necesidades que todos los seres humanos tenemos!

Ahora bien, esto no le quita el que también FUERA y ES Dios. El dios de la redención, con minúscula, del que habla la filosofía gnóstica, aunque FUE y ES una persona, también ES Dios, con mayúscula: ¡Es El Dios de la Redención, también con mayúscula! El autor del libro a los Hebreos dice a cerca de Jesucristo: "Pues nuestro Sumo sacerdote puede compadecerse de nuestra debilidad, porque él también estuvo sometido a las mismas pruebas que nosotros; sólo que él jamás pecó".[291]

---

[287]   Lucas 1:2631.

[288]   Lucas 2:1-7.

[289]   Mateo 2:23.

[290]   "... dislocados están todos mis huesos. Mi corazón se ha vuelto como cera, y se derrite en mis entrañas" (Sal. 22:14, NVI); Marcos 11:12; Juan 4:6-8; "Jesús, mientras tanto, estaba en la popa, durmiendo sobre un cabezal (Marcos 4:38, NVI); "Y haciendo un azote de cuerdas, echó a todos fuera del templo, con las ovejas y los bueyes; desparramó las monedas de los cambistas y volcó las mesas" (Juan 2:15).

[291]   Hebreos 4:15, (DHH).

Así es que, "a fin de 'venir a ser misericordioso y fiel Sumo Sacerdote', el Hijo de Dios- es decir, Jesús-, 'debía ser en todo semejante a sus hermanos'; y que él, 'es poderoso para socorrer a los que son tentados' porque 'el mismo padeció siendo tentado' (2:17s)".[292] Esto significa que los cristianos tenemos en el cielo a una persona que es sumamente poderosa; que es un ser humano pero al mismo tiempo es Dios eterno y que está con una capacidad inigualable, de tal manera que puede estar a nuestro lado en todos los conflictos y desesperaciones porque, El mismo experimentó estos padecimientos.[293]

Al haber pasado por las experiencias humanas, entonces: "El glorioso Sumo Sacerdote es también admirable por ser *compasivo*. Siendo Dios está, por naturaleza divina, distante de los hombres, sobre todo de las imperfecciones y limitaciones de estos, pero, como también es hombre perfecto está absolutamente próximo, tanto que uno de la Trinidad se ha hecho compañero de limitaciones y sufrimientos de los hombres".[294] Ese *"uno"* se llama Jesús de Nazaret; el hombre/ Dios que se ha hecho el intermediario entre el Dios Todo Santo y el ser humano imperfecto y pecador. ¡Él era un ser humano igual que nosotros sin dejar a un lado Su divinidad!

El hecho es que, lo entendamos o no: "El tema central de la Biblia es que Jesús es Dios, y es también semejante a nosotros, pero sin pecado. Aunque nunca podremos entender en toda su amplitud y su profundidad quién de veras era Jesús, la Escritura afirma sin lugar a duda que era divino y humano, era Dios en carne humana porque "la Palabra se hizo

[292] F. F. Bruce. *La Epístola a los Hebreos*. (Grand Rapids, Michigan. Nueva Creación y William B. Eerdmans Publishing Company. 1987), 86.

[293] F. F. Bruce. *La Epístola a los Hebreos*. (Grand Rapids, Michigan. Nueva Creación y William B. Eerdmans Publishing Company. 1987), 86.

[294] Samuel Pérez Millos. *Comentario exegético al texto griego del Nuevo Testamento: HEBREOS*. (Viladecavalls (Barcelona), España. Editorial CLIE. 2009),248.

carne, y habitó entre nosotros" (Juan 1:14)".[295] Por eso es por lo que, como Verdadero ser humano, Jesús, exclamó desde la cruz: "*Tengo sed*".

Una vez más, el discípulo amado, aquel que estuvo al pie de la cruz, puede con toda la certeza de la revelación divina que le fue otorgada y con la certeza de haber sido testigo ocular de lo que el hombre/Dios, llamado Jesús de Nazaret, dijo mientras estuvo crucificado; Con esas dos autoridades, pudo decir: "Después de esto – después de las intensas tinieblas y de haber suplicado la presencia del Padre-, como Jesús sabía que ya todo se había cumplido, y para que se cumpliera la Escritura, dijo: —*Tengo sed*".[296]

Esta expresión nos muestra con claridad la humanidad de Jesucristo. El Crucificado no era un fantasma que aparentó sufrir en la Cruz como algunos gnósticos han enseñado. ¡Jesús era un verdadero ser humano! Su dolor fue tan real como el nuestro.

Recuerden aquella historia que les he contado más de una vez y que ahora se las repito en pocas palabras. En uno de mis viajes misioneros hacia la sierra oaxaqueña en México, me acompañó mi esposa. Era el mes de mayo, así que el calor era intenso. Después de cruzar el rio en Ayotzintepec, Oaxaca, caminamos bajo el calor sofocante con rumbo directo hacia un pueblo llamado Arroyo Jabalí.

Tres horas después de haber dejado el rio, mi esposa, Sara Perdomo de Barajas, estaba sedienta, ya casi no podía hablar. Su lengua se le pegaba al paladar.

---

[295] Vallarta. *SEMEJANTE A SUS HERMANOS EN TODO (LA NATURALEZA DE JESÚS)*. (La Habra, California. Internet. Articulo publicado el 11 de diciembre del 2016. Consultado el 31 de agosto del 2021), ¿? https://iasdvallarta.org/wp/blog/2016/12/11/semejante-a-sus-hermanos-en-todo-la-naturaleza-de-jesus/

[296] Juan 19:28, (DHH).

Cuando llegamos a los linderos del pueblo, allí estaba un pequeño arroyo. Mi esposa sacó fuerzas de no sé dónde y corrió, se metió al arroyo y se sentó dentro de el a beber agua y refrescarse.

Cuando la vi ya satisfecha y fresca, le dije que mirara hacia arriba del arroyo. ¡Oh, nooo! Fue su expresión. Un poco tarde. ¡Dos grandes cerdos se estaban refrescando en la poca agua que corría![297]

Mi esposa y yo, solo estuvimos unas cuatro horas sin agua. Jesús estuvo aproximadamente once o doce horas sin tomar suficiente agua. Su sed fue tan real como la de nosotros en el camino a Arroyo Jabalí. Y fue tan real porque, al igual que nosotros, Jesús era un ser humano.

II.- NO AL CONFORMISMO.

Una de las recomendaciones del apóstol Pablo a los cristianos es que no vivan igual que como la demás gente vive. Que no vivan como la gente que no conoce a Jesucristo como su Salvador personal. El apóstol Pablo dice: "Por tanto, hermanos míos, les ruego por la misericordia de Dios que se presenten ustedes mismos como ofrenda viva, santa y agradable a Dios. Éste es el verdadero culto que deben ofrecer. No vivan ya según los criterios del tiempo presente; al contrario, cambien su manera de pensar para que así cambie su manera de vivir y lleguen a conocer la voluntad de Dios, es decir, lo que es bueno, lo que le es grato, lo que es perfecto".[298]

---

[297]   Eleazar Barajas *¡Agua por favor!* La historia completa se encuentra en mi libro: Centro Educativo Indígena: La historia del Centro Educativo Indígena en las ciudades de Córdoba, Veracruz y Tuxtepec, Oaxaca, y sus misiones. Pags.303-308
[298]   Romanos 12:1-2, (NVI).

Pablo hace recordar que una de las ideas para la adoración a Dios eran los sacrificios. Tribus, pueblos y un en las ciudades, se hacían – y en algunos lugares, todavía se hacen – sacrificios de animales y hasta de seres humanos. La diferencia es que Pablo no dice que hagan sacrificios, sino que se hagan sacrificio vivo. No dice que hagan un sacrificio como lo hacían los antiguos y algunos contemporáneos que, después de sacrificar al animal, seguían su cotidiana vida pensando que ya habían cumplido con adorar a su Dios. Pablo llama a un sacrificio razonable no ritualista. Para Pablo: "La adoración que agrada a Dios es un sacrificio 'informado'; es decir, el sacrificio ofrecido por el cristiano que entiende quien es Dios, que es lo que nos ha dado en el Evangelio, y qué demanda de nosotros".[299]

Bueno, pastor, ¿y que tiene que ver esto con la expresión de Jesús en la cruz cundo dijo: "*Tengo sed*"? La lección que les quiero compartir es que Jesús, aun en las peores circunstancias de su vida y aun en los últimos minutos de su existencia corporal y terrenal visible, no se acomodó a la cultura de su tiempo.

En el Evangelio de Marcos tenemos unas palabras que debemos poner un poco de atención. Marcos dijo que cuando Jesús exclamó: "*Tengo sed*", que en ese instante: "... le dieron vino mezclado con mirra, pero Jesús no lo aceptó".[300] Y, eso, ¿qué significa? ¿Qué es la enseñanza que podemos aprender de esta actitud de Jesús? Tenía sed, pero, no acepto tomar lo que le ofrecieron. ¿Por qué lo rechazó?

Una idea es que lo que le dieron a beber a Jesús: "No se trataba de una bebida narcótica para mitigar el dolor ...,

---

[299]   Douglas J. Moo. *Romanos: Comentario con aplicación; del texto bíblico a una aplicación contemporánea*. (Miami, Florida. Editorial Vida. 2011), 385.

[300]   Marcos 15:23, (NVI).

sino de vino diluido en agua que usaban los obreros para calmar la sed".[301] Otra idea es que Jesús rechazó tomar lo que le ofrecieron porque en su tiempo la mezcla del vino con la mirra era una especie de droga. A los que estaban crucificados les daban esta bebida para que les ayudara a soportar sus dolores; era una especie de tranquilizante como la morfina, aunque, creo yo que, el vino y la mirra no eran una mezcla tan poderosa como la morfina. Pero, creían que el vino les amortiguaría sus dolores.

Y aquí está la lección. Nuestra sociedad vive momentos tan amargos que desean salir de la realidad, por eso abusan del alcohol, las pastillas tranquilizantes, las drogas ilegales y cosas parecidas con tal de escapar de la situación en la que se encuentran. ¿Qué le pasa a nuestra sociedad? ¡Está buscando su remedio a la amargura en los lugares equivocados! ¿Dónde tratan de aplacar su amargura? ¿Dónde tratan de solucionar su dolor? Tú y yo sabemos las respuestas: Además del alcohol y las drogas, están las fiestas, los bailes y, en algunos casos, algunos buscan en la iglesia el remedio a sus amarguras.

¡Sí, la iglesia puede ser un buen lugar para solucionar la amargura! ¡Puede ser un buen lugar para ayudar con los males que nos persiguen! Pero, en realidad lo que están buscando es una adoración que les ayude a desconectarse de la realidad del mundo en que viven.

Este tipo de personas no están buscando una adoración que les ayude a confrontar sus problemas cotidianos con el poder de Jesucristo. Son personas que se han conformado a lo que diga la sociedad a pesar de saber que ella no les dará la respuesta a sus heridas emocionales y espirituales.

---

[301]   Nota de pie de página en La Biblia de las Américas: Biblia de Estudio. (Nashville, Tennessee. Editada por The Lockman Foundation. Publicada por B&H Publishing Group. 2000), 1493

Jesús, no se adaptó a la cultura de su tiempo. Le dijo NO al conformismo de su época. Jesús tenía que cumplir lo anunciado por los escritores bíblicos. Uno de ellos había escrito de una manera profética parte de lo que le sucedería al Mesías Prometido. Él dijo: "Tengo la boca seca como una teja; tengo la lengua pegada al paladar. ... y cuando tuve sed me dieron a beber vinagre".[302]

"El Salmo 22 surge de una experiencia de sufrimiento muy intenso. El que sufre se siento muy solo, abandonado, pero sigue confiando en Dios".[303] Es un Salmo profético con énfasis en los sufrimientos del Mesías Prometido por Dios a la nación de Israel; menciona los sufrimientos que pasó el Mesías en la Cruz del monte Calvario. La estrofa de este Salmo que está compuesta de los versículos 12-18, "es la descripción de un sufrimiento espantoso. ... La descripción tan exacta de lo que sufrió Jesús es sorprendente – notemos la profecía y su cumplimiento en Jesús -. *Muchos toros*, los malvados y poderosos se juntaron contra él. Estiraron su cuerpo (vv. 14-17); causaron terribles dolores en sus manos y en sus pies (v.16); *tenía mucha sed* (v. 15, cf Jn. 19:28); echaron suertes sobre su ropa (v.18; cf. Juan 19:23)".[304]

Entonces, pues, esta quinta palabra: La palabra expresiva- "*Tengo sed*", hace una clara referencia a que Jesucristo no fue ningún tipo de fantasmas; Jesús fue un Verdadero ser Humano que sufrió los terribles dolores provocados por los golpes de los soldados, los clavos, las espinas de la corona, el hambre, la terrible sed, y lo áspero de la madera con la que

---

[302]   Salmo 22:15; 69:21, (DHH).

[303]   Daniel Carro, José Tomás Poe y Rubén O. Zorzoli (Editores Generales). *Comentario Bíblico Mundo Hispano: Tomo 8: SALMOS*. (El Paso, Texas. Editorial Mundo Hispano.2002), 119.

[304]   Daniel Carro, José Tomás Poe y Rubén O. Zorzoli (Editores Generales). *Comentario Bíblico Mundo Hispano: Tomo 8: SALMOS*. (El Paso, Texas. Editorial Mundo Hispano.2002), 122. Las **Bolds** e *Itálicas* son mías.

fue hecha la Cruz en la que fue crucificado. ¡Jesucristo fue un Verdadero ser humano!

III.- EL CAMINO CORRECTO.

El Evangelista Juan dice que; "Jesús salió llevando su cruz, para ir al llamado 'Lugar de la Calavera' (que en hebreo se llama Gólgota). Allí lo crucificaron, y con él a otros dos, uno a cada lado, quedando Jesús en el medio".[305] Poncio Pilato había dado la orden de la crucifixión de Jesús y los soldados romanos la ejecutaron. Tomando a Jesús, dice el Evangelista, volvieron a ultrajarle, y después de estos nuevos insultos, le arrancaron el manto de escarlata con que le habían cubierto, lo pusieron sus vestidos, y cargando la cruz en sus hombros, le llevaron al Calvario para terminar con la ejecución contra el Santo de los santos.

No siempre el camino correcto a seguir es de rosas y de una temperatura agradable, en ocasiones es de dolor, de un peso enorme, de maltratos, de odios desenfrenados, de montes que subir con la pesada carga; ¡en ocasiones el camino correcto es de muerte!

Pastor, ¿no es esto una ironía cuando Dios nos ofrece paz, vida abundante y bienestar? ¡Sí, es una ironía! Pero eso no deja de ser una realidad en la vida cristiana. Dios desea lo mejor para nosotros, pero, en ocasiones tenemos que aprender lo que es la disciplina de Dios; tenemos que pasar por aquello que no entendemos. Jesucristo si lo entendió muy bien. El no caminó hacia el Calvario sin saber el porqué de su caminar hacia la muerte de Cruz.

---

[305]   Juan 19:17-18, (DHH).

Llegó a la cúspide del monte y se dejó crucificar porque sabía que de esa manera el camino correcto que debemos seguir los cristianos ya sería menos gravoso, pues él lo camina con nosotros.

Fue, pues, allí, en el Calvario, que Jesús, en su terrible agonía, dijo: *"Tengo sed"*. Jesús tuvo sed para que nosotros, en lugar de vivir con la sed espiritual no saciada, podamos recibir una vida abundante; una vida de frescura y refrigerio con el agua espiritual provista por el Redentor de nuestras almas. Jesús le había dicho a la mujer samaritana: "Mas el que bebiere del agua que yo le daré, no tendrá sed jamás; sino que el agua que yo le daré será en él una fuente de agua que salte para vida eterna".[306] Tiempo después les dijo a sus primeros seguidores: "Yo he venido para que tengan vida, y para que la tengan en abundancia".[307]

CONCLUSIÓN.

Cuando Jesús dijo: *"Tengo sed"*, mostró toda su humanidad. Él fue un verdadero ser humano. La sed física, es un deseo que se debe satisfacer de lo contrario, además de la agonía que se siente por no tomar agua, también se corre el riesgo de morir deshidratado.

La sed espiritual es también un deseo del alma que debe ser satisfecha, de lo contrario se corre el riesgo de vivir continuamente en una desesperación espiritual; se corre el riesgo de vivir con una boca seca por falta de las bendiciones de Dios.

---

[306]   Juan 4:14, (RV,1960).
[307]   Juan 10:10, (RV, 1960).

En el caminar de la vida cristiana, el mejor ejemplo para seguir el camino correcto es el ejemplo que nos dejó Jesucristo. Él se negó a escapar del dolor, se negó a tomar el vinagre y vino mezclado, se negó a ser vencido por la cobardía, él sabía que la única manera de vencer los problemas era hacerles frente.

La expresión: *"tengo sed"*, no solo fue para cumplir las Escrituras, sino que también fue para que tú y yo nunca padezcamos de la sed espiritual.

¡Amen!

DECLARACIÓN DE VICTORIA

-La sexta palabra: La palabra garantizadora- "Consumado es"

Juan 19:30

INTRODUCCIÓN.

Con esta expresión: *"Consumado es"*, "Termina el sufrimiento de Jesús y se cumple el plan de Dios para la salvación de la humanidad (Juan 4:34;17:4)".[308] ¡Jesucristo había logrado la victoria! La Holy Bible, dice: *"It is finished"*.[309] *"Consumado es"*, o como otros traducen, *ya todo está completo*: "'Ya todo está completo' es solo una palabra en griego, *tetélestai*; y Jesús murió con un grito de triunfo en sus labios. No dijo: 'Todo se acabó', como reconociendo Su derrota; sino proclamando Su victoria con un grito de júbilo. Parecía estar destrozado

---

[308] Nota de pie de página en la *Biblia de Estudio Esquemática*. (Brasil. Sociedades Bíblicas Unidas. 2010), 1601.

[309] *Holy Bible*. Red Letter Edition. (Chicago, Illinois. The John A. Hertel CO. 1960), 657.

143

en la Cruz. Pero sabía que había obtenido la victoria".[310] En medio de todo aquel sufrimiento, puedo decir; ¡Maravilloso! ¡Sí, maravilloso! ¡Gratificante y consolador porque el Señor, abrió la puerta de la salvación!

"*Consumado es*" enseña que: "La Cruz había concluido. Nada pendiente, nada que resolver. Dios había consumado la obra de redención en la persona Divina-humana de su Hijo unigénito".[311]

"*Consumado es*", ¡es pues el grito de victoria! ¿Victoria sobre qué?, fue la victoria sobre tres importantes actos y efectos de Dios en beneficio de la humanidad. Les invito a que notemos estos actos de victoria.

I.- ¡FUE LA VICTORIA SOBRE EL PECADO!

"*Consumado es*": Fue un grito de triunfo sobre el pecado. "En la cruz Jesús obtuvo la victoria sobre el pecado. … Con esta victoria, ahora nada nos ata al pecado, y, por el contrario, nos hace avanzar en la certeza de que estamos llamados a vencer. ¡Cristo venció, y nos hizo victoriosos!".[312] "De acuerdo con Isaías, el Siervo del Señor, de alguna manera cargó con todos los problemas y dolores que nos infringimos a nosotros mismos como resultado de vivir de acuerdo con nuestros propósitos y no los de Dios".[313] Esto es que, Jesucristo cargó

---

[310] William Barclay. *Comentario al Nuevo Testamento: Volumen 6: JUAN: II.* (Terrassa (Barcelona), España. Editorial CLIE. 1996), 293.

[311] Samuel Pérez Millos. *Comentario exegético al texto griego del Nuevo Testamento: JUAN.* (Viladecavalls (Barcelona), España. Editorial CLIE. 2016), 1713.

[312] Fernando Alexis Jiménez. *Jesucristo venció en la cruz y nos dio la victoria.* (La Habra, California. Internet. Artículo publicado el día 13 de abril del 2017. Consultado el 7 de septiembre del 2021), ¿? http://www.mensajerodelapalabra.com/site/index.php/ jesucristo-vencio-en-la-cruz-y-nos-dio-la-victoria/ .

[313] Mitch. Glaser, *Isaías 53: Una explicación. Este Capítulo Cambiará Su Vida.* (Nueva York, EEUU. Chosen People Productions. 2010), 65.

el castigo que era nuestro y de esa manera, el Señor Jesús recibió el juicio que le ocasionaron nuestras propias faltas morales. Siendo más realistas, esas faltas morales la Biblia les llama pecado. ¡Pero ahora existe la victoria sobre el pecado! La Obra Salvífica de Jesús estaba sellada. Los seres humanos que aún están perdidos espiritualmente ahora tienen la oportunidad de ser salvos. Jesucristo obedeció al Padre hasta en los eventos más críticos de su ministerio terrenal y ahora, cuando ya ha vencido al pecado, Dios mismo lo ha declarado Dios con poder. No es que no lo fuera, sino que ahora, con su victoria sobre el pecado en la Cruz del Calvario, se presenta como el Dios victorioso.

En el discurso de Pedro en la inauguración de la Iglesia Cristiana, en la ciudad de Jerusalén, Pedro, desde el Aposento Alto, les dijo a los judíos que se habían reunido para celebrar la Fiesta del Pentecostés: "Sepa todo el pueblo de Israel, con toda seguridad, que a este mismo Jesús a quien ustedes crucificaron, Dios lo ha hecho Señor y Mesías" (*Señor y Cristo – RV.60*).[314]

La victoria de Jesús sobre el pecado ha demostrado que el mal no es absoluto; Jesús ha demostrado que es posible vivir en comunión con Dios. Es decir que, con la obediencia perfecta que Jesús mostró al Padre hasta ese día cuando gritó con todas sus fuerzas: "*¡Consumado es!*", Jesucristo, no solamente obtuvo la victoria sobre el pecado, sino que también llevó a la humanidad hasta el seno del Padre. ¡Hoy podemos tener comunión con Dios!

La victoria sobre el pecado realizada por Jesucristo, también le ha hecho un intermediario entre Dios y la humanidad. El autor del Libro de los Hebreos dice que: "Por lo tanto, ya

---

[314] Hechos 2:36, (DHH).

que tenemos un gran Sumo Sacerdote que entró en el cielo, Jesús el Hijo de Dios, aferrémonos a lo que creemos. Nuestro Sumo Sacerdote comprende nuestras debilidades, porque enfrentó todas y cada una de las pruebas que enfrentamos nosotros, sin embargo, él nunca pecó. Así que acerquémonos con toda confianza al trono de la gracia de nuestro Dios. Allí recibiremos su misericordia y encontraremos la gracia que nos ayudará cuando más la necesitemos".[315] El Nuevo Testamento presenta a Jesucristo ministrando en sus tres oficios: Profeta, Sacerdote y Rey. En su primera venida, se presentó como profeta; en su ministerio terrenal, habló con Dios, proclamó a Dios, enseñó a sus discípulos y profetizó. "En la última parte de su ministerio terrenal, El comenzó a ofrecerse así mismo a Dios, lo cual terminó en la Cruz, donde se ofreció como sacrificio para Dios en lugar nuestro. Así, El cumplió su función como sacerdote, y desde ese punto en adelante, ésta ha sido su función".[316]

Notemos que el relato bíblico dice que Jesús, como el sumo sacerdote que ahora es "enfrento todas y cada una de las pruebas que enfrentamos nosotros". ¡Todo lo hizo por amor a nosotros! Es decir que, contemplando la historia o la escena del Calvario, podemos ver la bandera del amor ondeando eternamente sobre el mástil que Dios la colocó, allí la vemos con los ojos espirituales "entre el cielo y la tierra, allí está en una cruz, infamante para los hombres, reconciliadora para con Dios, gloriosa para el creyente. La deuda del pecado ha sido extinguida y ya no hay, ni puede haber, condenación alguna para quienes creen y aceptan por

315   Hebreos 4:14-16, (NTV).

316   Witness Lee. *El ministerio celestial de Cristo*. (Anaheim, California. Living Stream Ministry www.ism.org. 2003), 63.

la fe lo que Dios ha hecho en Cristo".[317] Por amor, Jesucristo, con su grito: *"Consumado es"*, derrotó el poder del pecado y nos dio la libertad del poder maligno. ¡La deuda fue pagada! ¡En Cristo somos victoriosos sobre el pecado! El grito de victoria de Jesús en la Cruz del Calvario le dice al ser humano que el abismo que había creado el pecado entre Dios y la humanidad: ¡Ya no existe! Jesucristo ha hecho un puente espiritual entre la tierra y el cielo; un puente por donde la humanidad pueda caminar hacia Dios. Con justa razón Jesucristo había dicho que Él era el Camino. Un camino que tiene un puente sobre el mismo abismo que permite un punto de contacto entre la divinidad y la raza humana.

La expresión de Jesús: *"Consumado es"*, no solo es la victoria sobre el pecado, sino que también es la derrota del mal. Una de las consecuencias del pecado es la maldad. Esta, conlleva el sufrimiento, el dolor, la angustia, la desesperación, el odio, las rencillas, los celos, las envidias, la injusticia, la muerte y cosas parecidas. Con el grito de Jesús: *"Consumado es"*, todo esto no tiene poder sobre los que estamos en Cristo Jesús. ¡El ha vencido la maldad! La esperanza a triunfado sobre la desesperación; la justicia ha vencido sobre el pecado.

"Consumado es" fue y es la expiación del pecado, hacia Dios".[318] Esto es que, con la expresión o grito del Crucificado ha revelado la justicia divina a tal grado que ahora es posible ser salvos del pecado y la maldad por gracia. ¡La victoria ya está ganada! Entonces, ahora mismo, la salvación por gracia es completamente gratuita, ya se pagó su precio; la salvación en Cristo Jesús es un regalo divino para aquella

---

[317]   *Samuel Pérez Millos. Comentario exegético al texto griego del Nuevo Testamento: JUAN.* (Viladecavalls (Barcelona), España. Editorial CLIE. 2016), 1713.

[318]   B. H Carroll. *Comentario Bíblico: Los Cuatro Evangelios. Volumen 6. Tomo II.* Trd. Sara A. Hale. (Terrassa (Barcelona), España. Editorial CLIE. 1986), 459

persona que cree en Jesucristo como Su Salvador y Su Señor. "¡*Consumado es*"!

II.- ¡FUE LA VICTORIA SOBRE LA MUERTE!

Escuchen estas palabras paulinas: "Porque lo corruptible tiene que revestirse de lo incorruptible, y lo mortal, de inmortalidad. Cuando lo corruptible se revista de lo incorruptible, y lo mortal, de inmortalidad, entonces se cumplirá lo que está escrito: 'La muerte ha sido devorada por la victoria'. '¿Dónde está, oh muerte, tu victoria? ¿Dónde está, oh muerte, tu aguijón?' El aguijón de la muerte es el pecado, y el poder del pecado es la ley. ¡Pero gracias a Dios, que nos da la victoria por medio de nuestro Señor Jesucristo!".[319] ¡Magnifica declaración del poder del Resucitado! Una declaración que no deja duda de que la Resurrección de Jesús: ¡Fue la victoria sobre la muerte!

Es una escritura en la cual debemos de hacer notar, "ante todo, los dos pronombres demostrativos, *esto*, que apunta al marco mortal y corruptible del ser humano. Segundo, la palabra griega *phtharton* que quiere decir aquello que está sujeto a decaimiento o destrucción aplicada al hombre mortal. Tercero, el verbo *debe*, denota la necesidad que Dios impone y actúa como verbo auxiliar de *ser vestido*".[320] La idea fundamental es que los creyentes en Cristo Jesús deben ser vestidos por Dios con inmortalidad libre de toda contaminación. Está claro para el apóstol Pablo que esta es una obra de Dios. Este es parte del resultado de la victoria sobre la muerte realizada por Cristo Jesús con Su Resurrección.

---

[319]	I Corintios 15:53-57, (NVI).

[320]	Simón J. Kistemaker. *Comentario al Nuevo Testamento: I Corintios.* (Grand Rapids, Michigan. Libros Desafío. Publicado por Baker Book House. 1998), 636-637.

El hecho de ser vestidos con la inmortalidad es Porque "tal como somos, no tenemos posibilidad de heredar el reino de Dios. Puede que estemos bien dotados para enfrentarnos con la vida de este mundo, pero no lo estamos para la vida del mundo venidero".³²¹

En la sección anterior hablamos de que Jesucristo, al pronunciar su declaración de victoria: "¡*Consumado es*!", le puso fin al poder del pecado. Ahora, el apóstol Pablo, sigue con esta misma idea, pues las palabras que hemos leído en I Corintios 15:53, hacen referencia a que, al estar en Cristo, ahora mismo somos libres del pecado por la victoria de Cristo en el Calvario, pero también, "*Consumado es*", hace referencia a una transformación escatológica. Es decir que: "Este texto (I Cor.15:53) no solo comunica el mensaje de que los creyentes serán transformados, sino que también implica cierta discontinuidad con el pasado".³²² ¡Ya no debemos ser ni seremos los mismos! La victoria de Cristo en la Cruz nos ha llevado, a los creyentes en El, a una nueva dimensión.

Pastor, ¿a qué se refiere cuando habla de estar en un Nueva Dimensión? Me refieron a que: "Una persona tiene que cambiar para entrar en otro nivel de vida; y Pablo insiste en que tenemos que experimentar una transformación radical para entrar en el reino de Dios".³²³ Una transformación radical que ha comenzado con: "*Consumado es*". De esta manera, los creyentes en Cristo Jesús, en esta nueva dimensión, somos santos para Dios. No lo somos por esfuerzo propio sino porque es parte del resultado de: "*Consumado es*". Es

³²¹   William Barclay. *Comentario al Nuevo Testamento: Volumen 9: CORINTIOS.* (Terrassa (Barcelona), España. Editorial CLIE. 1996), 194.

³²²   Simón J. Kistemaker. *Comentario al Nuevo Testamento: I Corintios.* (Grand Rapids, Michigan. Libros Desafío. Publicado por Baker Book House. 1998), 637.

³²³   William Barclay. *Comentario al Nuevo Testamento: Volumen 9: CORINTIOS.* (Terrassa (Barcelona), España. Editorial CLIE. 1996), 195.

decir, santos porque "*Consumado es*": ¡Fue la victoria sobre la muerte!

"*Consumado es*" no lleva hasta el libro de Apocalipsis en donde leemos que: "Todo el que tenga oídos para oír debe escuchar al Espíritu y entender lo que él dice a las iglesias. Los que salgan vencedores no sufrirán daño de la segunda muerte".[324] ¿Por qué? ¡Porque la vida a triunfado sobre la muerte! Si la muerte ha sido vencida, entonces, para los cristianos, el temor a la muerte ya no debe ser un tormento. El amor de Jesucristo y el amor hacia el Señor deben de quitar todo temor a la muerte: "Para esto nos dio Jesús la victoria sobre la muerte, desterrando su temor con la maravilla del amor de Dios".[325]

Así que, "*Consumado es*", "anuncia que los días de la muerte están contados".[326] La victoria sobre la muerte ha provocado o producido vida ahora y por la eternidad.

III.- ¡Fue la Victoria sobre Satanás!

Jesús estaba un sábado en la sinagoga, como era su costumbre, fue a la sinagoga para estudiar las Escrituras juntamente con la población judía. En ese día, estaba allí mismo una mujer que desde hacía dieciocho años estaba encorvada. "Según parece sufría un cierto tipo de degeneración ósea o parálisis muscular".[327] Jesús la sanó y de inmediato el directos

---

324   Apocalipsis 2:11, (NTV).

325   William Barclay. *Comentario al Nuevo Testamento: Volumen 9: CORINTIOS.* (Terrassa (Barcelona), España. Editorial CLIE. 1996), 196.

326   Simón J. Kistemaker. *Comentario al Nuevo Testamento: I Corintios.* (Grand Rapids, Michigan. Libros Desafío. Publicado por Baker Book House. 1998), 637.

327   Darrell L. Bock. *Comentarios Bíblicos con Aplicación: LUCAS. Del texto bíblico a una aplicación contemporánea.* (Miami, Florida. Editorial Vida. 2011), 341.

LA ÚLTIMA SEMANA 151

(el Pastor) de la sinagoga se enojó porque Jesús la sanó en sábado o día de reposo.

A la respuesta del enojo y las palabras de aquel hombre y los asistentes a la reunión en aquella sinagoga: "Jesús respondió severamente, dirigiéndose a los que estaban de acuerdo con el jefe de la sinagoga como hipócritas",[328] les dijo: "—¡Hipócritas! ... ¿Acaso no desata cada uno de ustedes su buey o su burro en sábado, y lo saca del establo para llevarlo a tomar agua? Sin embargo, a esta mujer, que es hija de Abraham, y a quien Satanás tenía atada durante dieciocho largos años, ¿no se le debía quitar esta cadena en sábado?"[329] Otra versión traduce el versículo dieciséis de esta manera: "Y ésta, que es hija de Abraham, a la que Satanás ha tenido atada durante dieciocho largos años, ¿no debía ser libertada de esta ligadura en día de reposo?"[330]

La respuesta de Jesús enseña, también que cuando Jesús grito: *Tetelestai*; "*Consumado es*", provee la victoria sobre el mismo Satanás porque en este ejemplo de sanidad en el que se menciona el tiempo de duración de la enfermedad y se haga énfasis en que estaba atada por Satanás. La crueldad de este enemigo es muy notable en esta mujer. "En esta cultura, ser mujer y sufrir esta dolencia la convierte en doblemente marginada".[331] ¡Estaba doblemente atada! Una por la cultura y la otra por Satanás. ¡Pero, quedó libre de ambas ataduras! La victoria final de Cristo Jesús sobre Satanás se aproximaba. Su culminación fue cuando Jesús grito: "*Consumado es*".

---

[328]   Darrell L. Bock. *Comentarios Bíblicos con Aplicación: LUCAS. Del texto bíblico a una aplicación contemporánea.* (Miami, Florida. Editorial Vida. 2011), 341.

[329]   Lucas 13:15-16, (NVI).

[330]   Lucas 13:16, (RV, 1960).

[331]   Darrell L. Bock. *Comentarios Bíblicos con Aplicación: LUCAS. Del texto bíblico a una aplicación contemporánea.* (Miami, Florida. Editorial Vida. 2011), 341.

El Señor Jesús le ha estado llamando a la nación de Israel al arrepentimiento. Por la reacción del encargado de la Sinagoga. - versículo 15 -, entendemos que todavía no se habían arrepentido ni entendido lo que la autoridad y ministerio de Jesucristo. "Un segundo tema de este pasaje es la descripción de una batalla contra Satanás, fuente de la desgracia de la mujer".[332] Y, no solo de ella sino de toda la humanidad. "Según Lucas, esta es la segunda curación que Jesús hizo en sábado. La primera está en Lucas 6:6-11. Existe una tercera que aparece en Lucas 14:1-6".[333] En cada una de ellas se hace notar que Jesucristo tenía el poder para vencer a Satanás. Sin embargo, su culminación llegó cuando dijo: "*Consumado es*". Allí, en la Cruz del Calvario, Jesús le puso fin al poderío satánico.

"Antes de crear a los seres humanos, Dios creó una hueste innumerable de espíritus llamados ángeles".[334] Entre ellos fue creado Satanás. Fue el espíritu más poderoso y privilegiado de todos los demás. Su nombre es *Lucifer*, nombre que significa *el ser luciente*. "Este ángel brillante fue descrito así: '*el sello de la perfección, lleno de sabiduría, y acabado de hermosura*' (Ezequiel 28:12". Aparte de Jesucristo, nadie ha sido tan poderoso como Satanás. Nadie ha sido tan lleno de sabiduría como este enemigo de Dios y de los cristianos. Tuvo el atrevimiento aun de usar su sabiduría en contra de Jesucristo y lo puso a prueba.[335]

---

[332]   Darrell L. Bock. *Comentarios Bíblicos con Aplicación: LUCAS. Del texto bíblico a una aplicación contemporánea.* (Miami, Florida. Editorial Vida. 2011), 340.

[333]   Comentario en La *Biblia de Estudio Esquemática.* (Brasil. Sociedades Bíblicas Unidas. 2010), 1527.

[334]   P.D. Bramsen. *Un Dios un mensaje: Descubre el misterio: Haz el vieje.* (Grand Rapids, Michigan. Editorial Portavoz, filial de Kregel Publications. 2011), 117.

[335]   Mateo 4:1-11; Marcos. 1.12-13; Lucas. 4.1-13.

Así que, el grito de victoria de Jesús en la Cruz fue un grito de una victoria de alcance mundial y eternal. *"Consumado es"* nos asegura la victoria sobre el autor del pecado el cual es Satanás y sus demonios y, como el pecado es el originador de la muerte,[336] entonces, la victoria sobre Satanás es también la victoria sobre el pecado y la muerte. *"Consumado es"*, es una victoria contra todo aquello que es maldad; contra todo aquello que es perjudicial para la salud física, para la economía, para las relaciones sociales y, por supuesto, para el campo espiritual. Por esto y mucho más, *"Consumado es"*, ¡fue y es una gran victoria! ¡Una gran victoria contra Satanás!

"Consumado es" es, pues, un grito de victoria sobre el mismo Satanás y sobre todas las huestes de maldad. Ya está vencido, Jesucristo lo venció en la Cruz, aunque todavía está engañando y molestando a los cristianos, el apóstol Pablo dice que, Dios Padre, en base a la victoria de Jesús sobre Satanás: "… el Dios de paz aplastará pronto a Satanás bajo los pies de ustedes". La Versión Reina y Valera dice: "Y el Dios de paz aplastará en breve a Satanás bajo vuestros pies".[337] Charles Spurgeon, el príncipe de los predicadores se gozaba con esta promesa paulina diciendo: "'EN BREVE'. ¡Feliz palabra! ¡En breve aplastaremos a la serpiente antigua! ¡Qué gozo es aplastar al mal! ¡Qué deshonra es para Satanás ser aplastado por pies humanos! Aplastemos al tentador bajo nuestros pies por medio de la fe en Jesús".[338] Esto lo podemos hacer porque con el grito de victoria: *"Consumado es"*, nuestro Salvador Jesucristo, nos da toda la autoridad para hacerlo porque, ¡El

---

[336] Romanos 6:23, (DHH). El pago que da el pecado es la muerte, pero el don de Dios es vida eterna en unión con Cristo Jesús, nuestro Señor.

[337] Romanos 16:20, (DHH y RV, 1960).

[338] Charles Spurgeon. *Devocional: Aplastará en breve a Satanás*. (La Habra, California. Internet. Consultado el 21 de septiembre del 2021), ¿? https://atalayas21. com/2-aplastara-en-breve-a-satanas/

lo venció en la Cruz! ¡Satanás es un ser derrotado para toda la eternidad!

CONCLUSIÓN.

"Consumado es" es el Gran grito de victoria de Jesús en la Cruz. Fue el grito de victoria contra el pecado, contra la muerte y contra Satanas. El apóstol Pablo estaba segurísimo de esta triple victoria, por eso dijo: "Pues estoy convencido de que ni la muerte ni la vida, ni los ángeles ni los demonios, ni lo presente ni lo por venir, ni los poderes, ni lo alto ni lo profundo, ni cosa alguna en toda la creación podrá apartarnos del amor que Dios nos ha manifestado en Cristo Jesús nuestro Señor".[339] Esto es seguridad presente y eterna, gracias al triunfo de Jesús en la Cruz del Calvario.

Así que, con el grito: "*Consumado es*", "se hizo la expiación por el pecado; ... El Sustituto vicario de los pecadores murió por ellos".[340] La muerte ya no tiene poder sobre los cristianos, Satanás tiene que pedir permiso a Dios para causarnos daño y la salvación triunfó sobre la condenación.

¡Todo fue satisfecho plenamente! ¡*Consumado es*! ¡Todo fue terminado!

---

[339]   Romanos 8:38-39, (DHH).

[340]   B. H Carroll. *Comentario Bíblico: Los Cuatro Evangelios. Volumen 6. Tomo II*. Trd. Sara A. Hale. (Terrassa (Barcelona), España. Editorial CLIE. 1986), 460.

FIEL CUMPLIMIENTO

-La séptima palabra: La palabra de confianza-
"Padre, en tus manos encomiendo mi espíritu".

Lucas 23:46.

INTRODUCCIÓN.

Jesucristo, todavía muy consciente de lo que está haciendo, después de la gran batalla espiritual en medio de las tinieblas y abandonado por su Padre, ha pronunciado las otras dos palabras que hemos analizado: *"Tengo sed"* y *"Consumado es"*. Y, poco antes de llegar el momento del Sacrificio pascual, Jesús, el Cordero de Dios, nuevamente con fuerte voz, dice: *"Padre, en tus manos encomiendo mi espíritu".*

En la revista *El fenicio Digital,* un trabajador de Cuidados Paliativos, dice que sus pacientes eran las personas que mandaban a sus casas para morir. En aquellos últimos días de vida, los pacientes le confesaban al especialista sus frustraciones; se lamentaban de la clase de vida que habían llevado. El especialista escribió cinco de esas lamentaciones de sus pacientes a punto de morir. Estas lamentaciones, dicen:

1. *Ojalá hubiese tenido el coraje de vivir una vida fiel a mí mismo, no la vida que otros esperaban de mí.* Al mirar hacia atrás, el moribundo se da cuenta de cuantos sueños no logró cumplir. Todo depende de las elecciones que se hagan mientras uno tiene la salud.

2. *Ojalá no hubiera trabajado tan duro.* Se perdieron la niñez y la juventud de sus hijos y también la compañía de su pareja. La mayor parte de su vida la vivieron fuera de casa.

3. *Ojalá hubiera tenido el coraje para expresar mis sentimientos.* Nunca llegaron a ser lo que realmente eran; reprimieron sus sentimientos para mantener la paz. Vivieron una vida mediocre.

4. *Me hubiera gustado haber estado en contacto con mis amigos.* Es común para cualquier persona en un estilo de vida ocupado, dejar que las amistades desaparezcan. Y a la hora de morir, muere sin ellos.

5. *Me hubiese gustado permitirme a mí mismo ser más feliz.* La felicidad es una elección; algo que muchos lo entienden en sus últimas horas de vida.

Recuerda: La vida es una elección. Es tu vida. Elije conscientemente, elije sabiamente, elije honestamente. ¡Elije felicidad![341]

¿Qué notamos en estos lamentos?

---

[341]   La Vanguardia. Fuente: El Fenicio Digital. *Cinco Lamentos Frecuentes Antes De Morir.* (La Habra, California. Internet. Consultado el 29 de marzo del 2021), ¿? https://www.lavanguardia.com/vida/20111214/54240193062/los-cinco-lamentos-moribundos.html

Lo que podemos notar en estos cinco lamentos de los moribundos son expresiones de derrota; expresiones de frustración y de anhelos inalcanzables.

¿Qué pasó con Jesucristo?

Todo lo contrario fue con la muerte del Crucificado; en su caso, fue una muerte de victoria no de lamentos ni mucho menos de frustración. Es más, en su penúltima expresión, Jesucristo mostró: ¡Una declaración de victoria! Y, en la séptima declaración, Jesucristo, se nota confiado por haber cumplido fielmente su Misión Redentora.

I.- FIEL REPRESENTACIÓN.

Después de haber cumplido fielmente en el mundo, ¿qué le quedaba a Jesús por hacer? Solo invocar al Padre para que lo restituyera al lado suyo; al lugar que siempre había tenido, aun antes de que mundo fuese creado. Le pedía que se cumpliera la súplica que le había hecho en Juan 17:5, que dice: "Y ahora, Padre, glorifícame en tu presencia con la gloria que tuve contigo antes de que el mundo existiera".[342]

Notamos en el relato de Lucas 23:46 que Jesús vuelve a llamar a Dios Padre. Lo hace en forma íntima y personal. Probablemente usó la palabra aramea: *"Abba"*. *"En tus manos encomiendo mi espíritu"* es una expresión que se encuentra en el Salmo 31:5. "Esa oración era la que pronunciaba un niño judío al acostarse por la noche. Jesús hizo aún más tierna la oración al añadirle la palabra Padre (ABBA). Aun en la

---

[342] Juan 17:5, (NVI).

cruz, la muerte era para Jesús como quedarse dormido en los brazos de su Padre".[343]

El apóstol Pablo les dijo a los hermanos de Roma que todos los que son guiados por el Espíritu de Dios son hijos de Dios y que ellos "no recibieron un espíritu que de nuevo los esclavice al miedo, sino el Espíritu que los adopta como hijos y les permite clamar: '¡Abba! ¡Padre!'".[344] Es pues una relación íntima: Una relación de amor y cariño.

Al mismo tiempo que Jesús menciona esta expresión, está cumpliendo con una profecía levítica. Eran las tres de la tarde cuando Jesús dijo: "Padre, en tus manos encomiendo mi espíritu" y luego, murió. Esa era la hora exacta del sacrificio del Cordero pascual Levítico. Era el sacrificio que conmemoraba la Pascua y la Expiación del pecado.

Así que, Jesús, al decir: "Padre, en tus manos encomiendo mi espíritu" estaba cumpliendo fielmente la misión que se había echado sobre sí: Salvar a la humanidad de sus pecados.

II.- ¡NUNCA DESMAYÓ!

El evangelista Mateo dice que Jesús: "Volvió a clamar con fuerza". "Esto era una señal de que, después de todos sus dolores y fatigas, su vida estaba aún entera en él, y su naturaleza, fuerte".[345] Las fuerzas demoniacas y las fuerzas humanas no lograron debilitar al Crucificado a tal grado que no pudiese hablar. Sabemos que una de las primeras cosas que abandonan a un moribundo es la voz. Puede estar

[343]   William Barclay. Comentario al Nuevo Testamento: Volumen 4: LUCAS. (Terrassa (Barcelona), España. Editorial CLIE. 1994), 346.
[344]   Romanos 8:14'15, (NVI).
[345]   Matthew Henry. Comentario Exegético-Devocional a toda la Biblia: Mateo. Td. Francisco Lacueva. (Terrassa (Barcelona), España. Editorial CLIE. 1984), 551.

consciente; puede escuchar lo que le decimos y aún puede ver con claridad, pero la voz lo abandona; en los momentos de agonía, no puede expresar lo que siente o lo que quiere. "Pero Cristo, precisamente al expirar, habló como quien se haya en poder de todas sus fuerzas.

¿Qué es la lección para nosotros? Es una lección para darnos a entender que no era la vida la que lo dejaba a él, sino que era el quien daba permiso a la muerte para que se le acercara".[346]

Además, notamos que ese grito de Jesús en sus últimos momentos de vida terrenal fue un acontecimiento que marcaba un final del dominio del pecado. Es decir que: "El grito de Cristo en la cruz fue como una trompeta llamando a la retirada de todos los demás sacrificios".[347] Una voz de trompeta que anunciaba que el Cordero de Dios estaba muriendo para liberar a la raza humana del pecado que los estaba esclavizando.

III.- "ENTREGÓ EL ESPÍRITU".

Esta es una expresión que de alguna u otra manera, los cuatro evangelistas, reconocidos como la máxima autoridad de la revelación divina, aseguran como un hecho verídico.

*El evangelista Mateo dijo: *"entregó el espíritu"*.

*Marcos, dijo que Jesús: *"Expiró"*.

---

[346]   Matthew Henry. *Comentario Exegético-Devocional a toda la Biblia: Mateo.* Td. Francisco Lacueva. (Terrassa (Barcelona), España. Editorial CLIE. 1984), 551.

[347]   Matthew Henry. *Comentario Exegético-Devocional a toda la Biblia: Mateo.* Td. Francisco Lacueva. (Terrassa (Barcelona), España. Editorial CLIE. 1984), 551.

*El doctor Lucas, dijo: *"Entonces Jesús, clamando a gran voz, dijo: Padre, en tus manos encomiendo mi espíritu. Y habiendo dicho esto, expiró"*.
*Y el Juan, el discípulo amado, dijo que Jesús: *"entregó el espíritu"*.[348]

El apóstol Juan estaba allí en el Calvario, el escuchó las palabras de Jesús directamente; él fue un testigo ocular de lo que allí, Cristo Jesús dijo. Los otros, recibieron este mensaje por revelación divina. Así que, en ambos casos, tenemos un hecho histórico verídico que, anuncia que Jesucristo realmente murió.

Estamos, pues, hablando de la muerte de un simple mortal. En el pasaje bíblico que estamos leyendo nos: "Llama la atención que se usa el termino espíritu (*ruah*) en vez de alma o vida (*nefesh*)".[349] Esto es que, los evangelistas le dieron a este incidente un tono espiritual más que una simple muerte de un ser humano. ¡Fue la muerte de Jesús de Nazaret!¡Fue la muerte del Cordero de Dios que quita el pecado del mundo![350]

Juan 19:30, dice que Jesús: *"... inclinó la cabeza y entregó el espíritu"*.[351] ¿Y esto, ¿qué significa? Se dice que los que han muerto, primero mueren y después inclinan la cabeza, pero Jesús primero inclinó la cabeza y después entregó el espíritu. Esto es que, Jesús, después de todo lo que había hecho, después de *Su Fiel Cumplimiento*, invitó a la muerte que llegara hacia él.

---

[348] Mateo 27:50; Marcos 15:37; Lucas 23:46; Juan 19:30, (RV, 1960).

[349] Eduardo G Nelson, Mervin Breneman, Ricardo Souto Copeiro y otros. *Comentario Bíblico Mundo Hispano: Salmos: Tomo 8*. (El Paso, Texas. Editorial Mundo Hispano. 2002), 143.

[350] Juan 1:29.

[351] Juan 19:30, (NVI).

Escuchemos a Jesucristo, cuando les dijo a sus oyentes que él era el buen pastor: "Por eso me ama el Padre: porque entrego mi vida para volver a recibirla. Nadie me la arrebata, sino que yo la entrego por mi propia voluntad. Tengo autoridad para entregarla, y tengo también autoridad para volver a recibirla".[352] ¡Maravilloso y excelente pasaje profético! Es uno de esos pasajes que encierra el propósito de la Misión Redentora de Jesucristo. El vino para dar su vida en rescate por el precio del pecado. ¿Qué nos dicen estas palabras de Jesús? Nos dicen don principales ideas teológicas:

1. *"Nos dicen que – Jesús – veía toda su vida como un acto de obediencia a Dios".*[353] Así que cuando llegó a la cruz y pronuncio: *"En tus manos encomiendo mi espíritu"*, es como si estuviera diciéndole al Padre: "He cumplido fielmente lo que me encomendaste".

2. Las palabras de Jesús: *"Nos dicen que Jesús veía siempre la cruz y la gloria como inseparables".*[354] Lo que notamos es que Jesús nunca perdió la visión y la seguridad de que su Padre nunca lo abandonaría, que siempre estaría a su lado.

Esta confianza o seguridad de Jesús nos da una gran lección que dice: "La vida se basa en el hecho de que todas las cosas que valen la pena tienen un precio. Siempre se ha de pagar un precio para conseguirlas".[355] Nada de lo que es

---

[352]   Juan 10:17-18, (NVI).

[353]   William Barclay. Comentario al Nuevo Testamento: Volumen 6: JUAN: II. (Terrassa (Barcelona), España. Editorial CLIE. 1996), 85.

[354]   William Barclay. Comentario al Nuevo Testamento: Volumen 6: JUAN: II. (Terrassa (Barcelona), España. Editorial CLIE. 1996), 85.

[355]   William Barclay. Comentario al Nuevo Testamento: Volumen 6: JUAN: II. (Terrassa (Barcelona), España. Editorial CLIE. 1996), 85.

de valor es gratis, aun la salvación de nuestra vida tuvo un gran precio. mecánicos, artistas, profesionales, deportistas, constructores, filósofos, teólogos, escritores y hasta amas de casa, todos han pagado un precio por lo que están haciendo. Ahora, piensa en esto: Nadie puede entrar al cielo, nadie puede estar en la presencia de Dios a menos que pague el precio de la obediencia y sumisión al Señorío de Jesucristo. ¡Hay que pagar un precio! La salvación es gratuita, Jesucristo ya pagó por ella, pero para obtener y vivir esa salvación, ¡hay que pagar un precio! Jesucristo cumplió fielmente su Misión y por eso con toda confianza y seguridad, dijo: "En tus manos encomiendo mi espíritu".[356]

CONCLUSIÓN.

Toma en cuenta esto, "Jesucristo no perdió la vida, sino que la entregó. No se le impuso la cruz: la aceptó voluntariamente... por nosotros".[357] Él dijo: *"Padre, en tus manos encomiendo mi espíritu".*[358] Es una declaración que "refleja la confianza que Jesús tiene en el Padre... confía en que el Señor cuidará de él".[359] Este es un claro ejemplo de que, si confiamos en Dios, el siempre cuidará de nosotros ahora y por la eternidad.

Sí tú le entregas tu espíritu o tu vida al Señor Jesucristo, Dios Padre siempre cuidará de ti. ¡Siempre tendrás vida eterna juntamente con Jesucristo!

¡Amén!

---

356   Lucas 23: 46, (NVI).

357   William Barclay. *Comentario al Nuevo Testamento: Volumen 6: JUAN: II.* (Terrassa (Barcelona), España. Editorial CLIE. 1996), 85.

358   Lucas 23:46, (NVI).

359   Darrell L. Bock. *Comentarios Bíblicos con Aplicación: LUCAS. Del texto bíblico a una aplicación contemporánea.* (Miami, Florida. Editorial Vida. 2011), 545.

UN NUEVO CAMINO

*"En aquel momento el velo del templo
se rasgó en dos, de arriba abajo".*

Mateo 27: 51ª, (DHH).

INTRODUCCIÓN.

En el preciso instante en que Jesucristo entregó el espíritu al Padre, el velo del templo se rasgó en dos partes. El relato que hace el evangelista Mateo en estos tres versículos – 51-53 - del capítulo 27 de su Evangelio, son tremendos milagros.

Dice Mateo que "el velo del templo se rasgó en dos, de arriba – hacia - abajo". "Como en otros milagros de Cristo - en este – estaba encerrado un misterio".[360] Un misterio que presenta la "puerta" de inicio del Nuevo Camino.

¿Qué nos enseña este misterio?

---

[360]   Matthew Henry. *Comentario Exegético-Devocional a toda la Biblia: Mateo.* Td. Francisco Lacueva. (Terrassa (Barcelona), España. Editorial CLIE. 1984), 551.

I.- Símbolo de la Muerte de Cristo.

Dijo el Evangelista Mateo que en el instante en que Jesús murió en la Cruz del Calvario: "... el velo del templo se rasgó en dos, de arriba abajo". Esta es una expresión, o relato muy corto que el Evangelista Mateo menciona en su Evangelio; es un anuncio que también se encuentra en el Evangelio de Marcos y en el de Lucas. Los tres relatan en forma muy corta este relato, o misterio.[361]

Es una expresión que hace referencia a un gran milagro, un milagro que manifiesta o revela uno de los misterios de la Salvación en Cristo Jesús y que había estado, en forma misteriosa, escrito en algunas de las páginas del Antiguo Testamento. "Por lo tanto, esta expresión se inserta en un carrusel de eventos de naturaleza "teofánica" (manifestación de Dios) que enmarcan el último respiro de Jesús. Es precisamente aquí, en el contexto evangélico, donde se introduce el 'desgarro' del velo del templo".[362] Un símbolo de la muerte de Cristo Jesús.

De acuerdo con algunos observadores o testigos oculares, "un tabique de madera separaba el Lugar Santísimo del Santo; y sobre la puerta colgaba el velo que se rasgó en dos, de arriba hacia abajo cuando quedó abierto en el Gólgota el camino al lugar santísimo".[363] Indicando que la muerte de Jesús inauguraba el Nuevo Camino hacia Dios.

---

[361] Mateo 27:51; Marcos 15:38; Lucas 23:45.

[362] Giovanna Cheli. *¿Qué era el "velo del templo" que se rasgó al morir Jesús?* (La Habra, California. Internet. Consultado el 15 de abril del 2021), ¿? https://es.aleteia.org/2015/05/26/que-era-el-velo-del-templo-que-se-rasgo-al-morir-jesus/

[363] Alfred Edersheim. El Templo: Su ministerio y servicios en el tiempo de Cristo. (Terrassa (Barcelona), España. Editorial CLIE. 1990), 68.

El Evangelista Lucas dice que "el velo del templo se rasgó por la mitad".[364] Marcos, al igual que Mateo, dice que el velo del templo se rasgó en dos de arriba abajo".[365] La expresión: *"De arriba hacia abajo"*, "indica que no fue una persona quien rasgó la cortina – fue el mismo Dios que iniciaba un Nuevo Camino para la humanidad -. Hebreos 9:12 y 10:20-29 explican lo que esto significa para el cristiano",[366] ¡La inauguración de un Nuevo Camino!

Así que, podemos decir acertadamente que el símbolo es muy denso, porque en la Escritura "alto" es el lugar de la trascendencia divina y "bajo" en cambio es la morada de la realidad humana. ¡Ya existe un Nuevo y único Camino hacia el Padre!

II.- DESCUBRIMIENTO DE LOS MISTERIOS DEL ANTIGUO TESTAMENTO.

El rasgamiento del velo en el templo judío fue uno de los grandes misterios antiguo-testamentarios. Nadie sabía con claridad algo acerca de este misterio. Dios se lo había guardado como si fuera un secreto de la revelación del Antiguo Testamento. Fue un secreto o misterio literario que nadie de los antepasados puso énfasis en este incidente, aunque, misterioso, el Señor le había dicho a Abraham: "… ¡por medio de ti serán bendecidas todas las familias de la tierra!"[367] ¿Cómo serían bendecidas? El misterio estaba en la muerte del Cordero de Dios y, cuando esto sucedió, el velo

---

[364]   Lucas 23:45, (RV, 1960).

[365]   Marcos 15:38, (RV, 1960).

[366]   Comentario de pie de página en la *Biblia de Estudio Esquemática*. (Brasil. Sociedades Bíblicas Unidas. 2010), 1481

[367]   Genesis 12:3, (NVI).

del Templo se rasgó anunciando que había llegado el tiempo en que toda la raza humana podría ser bendecida en el perdón de pecados hechos por Cristo en la Cruz del Calvario.

Todos los muebles del Tabernáculo encerraban una explicación escatológica. Todos simbolizaban el Ministerio Reconciliador de Dios con los seres humanos. ¡Todos! Esto incluye al velo que dividía el Lugar Santo del Lugar Santísimo.

Así que, desde las tierras desérticas, durante la peregrinación de los Israelitas hacia la Tierra Prometida, el Señor le indicó al pueblo que El era sumamente Santo y que el ser humano era pecador, por consiguiente, habría una separación continua entre Dios y la humanidad. Un gran velo en el Tabernáculo de Moisés servía como símbolo de esa radical separación.

Cuando el rey Salomón construyó el Templo en la ciudad de Jerusalén, mandó hacer un velo o una "cortina de tela morada, púrpura y de lino, e hizo bordar seres alados en ella".[368] Se puede notar que era una obra de extrema belleza y de mucho valor.

Ahora bien, el templo que el rey Salomón construyó para el Señor medía veintisiete metros de largo por nueve metros de ancho y trece metros y medio de alto".[369] Estas medidas nos dicen que: "El templo en sí no era muy grande. Fue construido no tanto como lugar de reunión del pueblo, sino como morada de Dios".[370]

¿Entonces, pues, para que Dios mandó poner un velo entre Su morada y las actividades de los sacerdotes? "El velo del templo estaba allí para ocultar, pues era muy grave el castigo que pendía sobre toda persona que viese el ajuar

---

[368]   2 Crónicas 3:14, (DHH).

[369]   I Reyes 6:2, (NVI).

[370]   Comentario de pie de página en la *Biblia de Estudio Esquemática*. (Brasil. Sociedades Bíblicas Unidas. 2010), 492

(mobiliario, ropa, etc.) del Lugar Santísimo, excepto el sumo sacerdote – que una vez al año – con gran ceremonia y a través de una nube de gloria y de incienso",[371] entraba a ese Lugar con el riesgo de morir. Estamos pues hablando de una fuerte y terrible: Separación entre Dios y el ser humano.

Alguien se hizo esta pregunta: ¿Cuál fue el significado de que el velo del templo se haya rasgado en dos cuando Jesús murió? Como respuesta, decimos que: "Durante el tiempo de la vida de Jesús, el santo templo en Jerusalén era el centro de la vida religiosa judía. Éste era el lugar en el que se llevaban a cabo los sacrificios de animales y la adoración, estrictamente de acuerdo con la ley de Moisés, que era seguida fielmente. Hebreos 9:1-9 nos dice que en el templo había un velo que separaba al Lugar Santísimo – el lugar terrenal donde moraba la presencia de Dios – del resto del templo donde moraban los hombres. Esto significaba que el hombre estaba separado de Dios por el pecado (Isaías 59:1-2). Solo el sumo sacerdote tenía permitido pasar tras el velo una vez al año (Éxodo 30:10; Hebreos 9:7), para entrar ante la presencia de Dios por todo Israel y hacer expiación por sus pecados (Levítico 16)".[372]

La rasgadura del velo es pues una de las pronunciaciones teológicas profundas dentro del cristianismo. "Para dar una idea de lo extraordinario del hecho, el historiador judío Giuseppe Flavio decía que ni siquiera dos caballos unidos a esta gran cortina, habrían podido romperla. Su mantenimiento era realmente una empresa: tenía 20 metros de altura y diez

---

[371]   Matthew Henry. *Comentario Exegético-Devocional a toda la Biblia: Mateo.* Td. Francisco Lacueva. (Terrassa (Barcelona), España. Editorial CLIE. 1984), 552.

[372]   Got Questions. *¿Cuál fue el significado de que el velo del templo se haya rasgado en dos cuando Jesús murió?* (La Habra, California. Internet. Consultado el 14 de abril del 2021), ¿¿, https://www.gotquestions.org/espanol/velo-templo-rasgado.html

centímetros de espesor, para poderla enrollar se decía que eran necesarios alrededor de setenta hombres".[373]

No había una manera sencilla de acercarse a Dios; la separación entre Dios y los seres humanos era algo muy real. El velo simbolizaba esta separación. Ahora bien: "Cuando Jesús murió, el velo del templo se rasgó de arriba hacia abajo, lo cual ilustra que Dios, en Cristo, abolió la barrera que separaba a la humanidad de la presencia divina".[374]Así que, con el rasgamiento del velo, la teología cambia, ahora: "La disposición compasiva de Jesús nos invita a desarrollar una relación íntima con Dios y hace que tal intimidad sea posible".[375] Lo hace al haber inaugurado un Nuevo Camino.

El rasgamiento del velo en el templo de Jerusalén, el centro religioso del judaísmo hizo posible el descubrimiento de los misterios del Antiguo Testamento, al mismo tiempo que marca el inicio de un Nuevo Camino para llegar hasta la presencia de Dios.

III.- PRESENTACIÓN DE UNIÓN.

"El velo se rasgó de arriba abajo", dice el Evangelista Mateo. El apóstol Pablo dice lo mismo, pero con otras palabras al tiempo que le da el significado teológico a este insignificante, pero al mismo tiempo importante evento. El dice que con la muerte de Jesucristo se rompió o derribó una barrera que había entre los judíos, el pueblo escogido por

---

[373]   Giovanna Cheli. *¿Qué era el "velo del templo" que se rasgó al morir Jesús?* (La Habra, California. Internet. Consultado el 15 de abril del 2021), ¿? https://es.aleteia. org/2015/05/26/que-era-el-velo-del-templo-que-se-rasgo-al-morir-jesus/

[374]   Leticia S. Calcada. Edición General. *Diccionario Bíblico Ilustrado Holman.* (Nashville, Tennessee. B&H Publishing Group. 2008), 1618.

[375]   George H. Guthrie. *Comentario con aplicación: HEBREOS. Del texto bíblico a una aplicación contemporánea.* (Miami, Florida. Editorial Vida. 2014), 220.

Dios, y el resto de la humanidad, Pablo les llama "gentiles". El apóstol Pablo les dijo a los hermanos de Éfeso que: "Cristo es nuestra paz. Él hizo de judíos y de no judíos un solo pueblo, destruyó el muro que los separaba y anuló en su propio cuerpo la enemistad que existía. Puso fin a la ley que consistía en mandatos y reglamentos, y en sí mismo creó de las dos partes un solo hombre nuevo. Así hizo la paz. Él puso fin, en sí mismo, a la enemistad que existía entre los dos pueblos, y con su muerte en la cruz los reconcilió con Dios, haciendo de ellos un solo cuerpo".[376]

Con esta declaración paulina, el rasgamiento del velo en el Templo judío es una presentación de la unión entre los dos pueblos; judíos y gentiles. Es decir que: "... tras la muerte de Cristo, el acceso al Lugar santísimo quedaba ampliamente abierto (v. Hebreos 4:16), y sus misterios quedaban tan claros y desvelados, que, aun el que corre puede leer claramente el sentido que encierran".[377] La muerte de Jesucristo en la cruz nos limpia de todo pecado, como dice el apóstol Juan,[378] pero también nos pone en un Pueblo Nuevo. Nos pone en un Nuevo Camino.

¿Y esto que significa? Significa que tiene un significado eclesiológico. Es decir que, "bajo el sumo sacerdocio de Jesús, el pueblo de Dios pasa a disfrutar de una nueva y feliz situación, y es que ahora, los creyentes - en Cristo Jesús - pueden entrar constantemente a la presencia de Dios, y pueden hacerlo con 'firmeza'."[379] el rasgamiento del velo indica que ahora existe un Nuevo Camino para llegar a Dios;

---

[376] Efesios 2:14'16, (DHH).

[377] Matthew Henry. *Comentario Exegético-Devocional a toda la Biblia: Mateo.* Td. Francisco Lacueva. (Terrassa (Barcelona), España. Editorial CLIE. 1984), 552.

[378] I Juan 1:9.

[379] George H. Guthrie. *Comentario con aplicación: HEBREOS. Del texto bíblico a una aplicación contemporánea.* (Miami, Florida. Editorial Vida. 2014), 220

¡Un Nuevo Camino para caminar con Dios completamente perdonados y libres de nuestros pecados! ¡El Velo se rasgó! Existe, pues, un Camino que, si caminamos por él, seremos transformados completamente. ¿Alguna vez te has preguntado por qué algunos no quieren andar en este Camino? ¿por qué algunos se esconden detrás de un velo rasgado? La mayoría de ellos o ellas lo hacen por temor o miedo a ser diferentes.

1. *En su temor, se aferran al pasado.* Este fue el caso con los judíos del tiempo de Jesús Nazareno, querían seguir en su manera de vivir; no quisieron el cambio que Cristo les propuso. Hoy tenemos gente enclaustrada, encerrada en sus temores al cambio. Aunque no están bien emocionalmente, ni psicológicamente y menos espiritualmente, de cualquier manera, dicen: "Así estoy bien".

2. *Temor al qué dirán.* ¿Qué va a decir la gente? Si yo voy por el Camino Nuevo que Dios ha hecho al rasgar el velo; ¿Qué va a decir la gente? ¡Qué traicioné a mis padres! ¡Que traicioné a mi religión! ¡Que traicioné a mi país! ¿Qué va a decir la gente? Mejor me sigo muriendo en mis dolores, en mis angustias, en mis quejas y en mis temores que andar por el Nuevo Camino que Jesucristo abrió.

3. *Temor a que descubran mis pecados.* El Nuevo Camino que Jesucristo inauguró con su muerte y que la rasgadura del velo lo aprueba, es un Camino de luz, en donde todo se puede ver; es un Camino en el que día con día estamos siendo transformados a la imagen de Cristo. ¡Es un Camino hacia la santidad!

¿Sabías que el temor es una barrera muy alta hacia la felicidad? Si no lo sabías, ahora ya lo sabes. ¡No se puede ser feliz con una mente y un corazón enclaustrados por el temor! ¡El temor cierra la puerta hacia la felicidad! La luz que contiene este Nuevo Camino y la santidad que requiere, nos hace transparentes; Es decir, todo lo que somos y hacemos es visto por Dios y, su Espíritu Santo nos dirá el pecado que estamos haciendo. La Biblia dice que: "… el Espíritu lo examina todo, hasta las cosas más profundas de Dios".[380]

¡No podemos ocultarnos de Dios! ¡El velo está rasgado! No existe la posibilidad de esconderse de su presencia. Entonces, ¿por qué algunos tratan de esconderse de Dios?, aunque eso es imposible, pero ¿por qué lo intentan? Creo que una de las razones por la cuales algunos no quieren caminar por el Nuevo Camino es por temor a que les descubran sus pecados.

Amados hermanos y hermanas en Cristo, amigos, tú que me estás escuchando, o leyendo este libro, todos tus temores serán desechos, te serán quitados, poco a poco el Señor te irá transformando hacia una persona de bien y con la necesaria paz que necesites mientras caminas por el Nuevo Camino que se abrió cuando el velo del templo se rasgó de arriba abajo.

La presentación de la rasgadura del velo como un símbolo de la unión que Dios desea entre la humanidad es un hecho irrefutable. Recuerda que, Dios, mediante la muerte de Cristo Jesús, hizo un solo pueblo; puso paz entre los seres humanos. Una paz que te ofrece si te atreves a caminar por el Nuevo Camino.

---

[380]   I Corintios 2:10, (DHH).

CONCLUSIÓN.

La rasgadura del velo presenta el camino nuevo para acercarnos a Dios. Un día el Señor Jesús dijo que él era el Camino, la verdad y la vida y que nadie podía llegar al Padre sino solo por medio de él.[381] La rasgadura del velo en el templo judío significó "la consagración e inauguración de un camino nuevo hacia Dios".[382]

Es decir que ahora lo único que impide que tú tengas comunión con Dios Padre es tu decisión. Tú decides caminar hacia y con Dios o seguir caminando en tus propios caminos. ¡Es tu decisión! La puerta ya está abierta y no tienes que hacer ningún sacrificio, ni siquiera abrir la Puerta, ¿por qué? ¡Porque la Puerta ya está abierta! Solamente es tomar la decisión de entrar al Camino de Dios. Repito, ¡Es tu decisión!

---

[381]   Juan 14:6. (Trasliterado por Eleazar Barajas)

[382]   Matthew Henry. *Comentario Exegético-Devocional a toda la Biblia: Mateo.* Td. Francisco Lacueva. (Terrassa (Barcelona), España. Editorial CLIE. 1984), 552.

TEMBLOR CON PROPÓSITO

"La tierra tembló, las rocas se partieron y los sepulcros se abrieron; y hasta muchas personas santas, que habían muerto, volvieron a la vida. Entonces salieron de sus tumbas, después de la resurrección de Jesús, y entraron en la santa ciudad de Jerusalén, donde mucha gente los vio".

Mateo 27:51b-53, (DHH)

INTRODUCCIÓN.

Nada desconocido para nosotros, en especial, para los que vivimos en el Sur de California. Los temblores y terremotos casi nos son familiares. Tal vez no tengan un propósito especifico, pero sí espantan y nos dicen que la vida la tenemos "amarrada" de un hilo que, en cualquier momento se romperá.

De acuerdo con el periodista, Carlos Moreno: "El Terremoto de Veracruz de 1973 o también conocido como El Terremoto de Orizaba, ha sido el terremoto más fuerte que haya tenido lugar en México, el segundo más mortífero y el decimocuarto más fuerte en la historia que se tenga registro por datos extraoficiales.

El terremoto se suscitó durante la madrugada del martes 28 de agosto a las 4:52 a.m. con una duración de casi 3 minutos en la zona centro de Veracruz y con una magnitud de entre 7.3 grados, hasta los 8.7 grados en la escala de Richter (según sismógrafo de Veracruz), otras fuentes confiables afirman que el sismo fue de 8.5 grados".[383] Este terremoto, en Córdoba, Veracruz, provocó un hoyo en la pared de atrás en la iglesia.

El Evangelista Mateo habla de un temblor que, la manera como lo describe parece haber sido un terremoto. Al mismo tiempo que notamos que el temblor del Calvario fue con claros propósitos.

I.- HACER SENTIR EL CUMPLIMIENTO MESIÁNICO.

Notemos que fue un temblor local con el cual sucedieron cosas interesantes y milagrosas: El velo del templo que era casi irrompible, se rasgó de arriba hacia abajo. Las rocas se partieron, esto indica que no fue solo un temblor, sino un terremoto. También: "Se abrieron los sepulcros".[384] Bueno, esto puede suceder con cualquier otro temblor, sin embargo, el Evangelista Mateo sigue diciendo que: "muchos santos que habían muerto resucitaron". Y no solo resucitaron, sino que: "Salieron de los sepulcros y, después de la resurrección de Jesús, entraron en la ciudad santa y se aparecieron a muchos".[385]

---

[383]   Carlos Moreno. Temblor de 1973 de la ciudad de Córdoba. (La Habra, California. Internet. Articulo consultado el 1 de mayo del 2021), ¿¿http://cronicas.ugmex. edu.mx/index.php/enterate/1132-temblor-de-1973-de-la-ciudad-de-cordoba

[384]   Mateo 27:52, (RV, 1960).

[385]   Mateo 27:52-53, (NVI).

Estos eventos locales, fueron milagros realizados por Dios mismo para hacer sentir a la gente el cumplimiento mesiánico. Al mismo tiempo fueron claros ejemplos de que el que estaba crucificado en el Calvario era el mismo Dios, al cual la naturaleza lo respeta y gime esperando la ultima venida.

El apóstol Pablo dice que: "...sabemos que la creación entera gime y sufre hasta ahora dolores de parto".[386] Por el contexto de Mateo, creo que los presentes en el Calvario entendieron que los eventos no fueron una mera coincidencia, sino algo directamente de Dios. Mateo dijo que: "Cuando el centurión y los que con él estaban custodiando a Jesús vieron el terremoto y todo lo que había sucedido, quedaron aterrados".[387] Aterrarse es un miedo o temor muy grande, un temor intenso. Es como cuando alguien dice que está haciendo un frio aterrador.

Muy poca gente se espanta al grado de aterrarse con un temblor, esto nos dice que fue un fuerte temblor que estuvo anunciando que el cumplimiento mesiánico había llegado a Jerusalén.

II.- HACER SENTIR A LA GENTE UN POCO DE REMORDIMIENTO QUE LOS CONDUJERA AL ARREPENTIMIENTO DE SUS PECADOS.

Siempre Dios busca los medios para que la gente reconozca que hay cosas y eventos que solo Él puede hacer. Y cuando lo hace es para conducir al arrepentimiento de los pecados. En este caso, estamos viendo algo sumamente interesante y

---

[386]   Romanos 8:22, (Nueva Biblia Latinoamericana).

[387]   Mateo 27:54, (NVI).

milagroso. He dicho que la gente estaba aterrada; que estaba con mucho miedo y que algunos, entre ellos, el Centurión romano, reconoció que Jesús no era cualquier ser humano, sino que era el Mesías prometido, él, como romano, dijo refiriéndose a Jesucristo: "¡Este hombre era verdaderamente el Hijo de Dios!".[388]

Los expertos en la Geología (Geo, γῆ, tierra. Logia λογία, estudio), dicen que: "Por las características geológicas de Palestina, que se asienta sobre una importante falla sísmica, un terremoto no sería algo poco habitual, pero si va acompañado por rocas que se parten y tumbas que se abren, esto es otro testimonio relevante del significado de la crucifixión de Jesús".[389] ¡Dios hace cosas maravillosas con el fin de conducirnos al arrepentimiento! Y en cada una de ellas tiene un propósito bien definido.

Es interesante hacer notar que, aunque fue un terremoto que rasgó el velo y partió las rocas, ¡La cruz no se cayó! Recordemos que Mateo dice que los que estaban al pie de la cruz haciendo guardia se aterraron, esto significa que el monte Calvario tembló fuertemente, pero ¡la cruz no se cayó!

¡Dios aún tenía el control! Pueden pasar los peores eventos, y ¡Dios sigue en control! Siempre habrá un propósito en cada uno de ellos y una muestra de que Dios está en control. ¡La cruz no se cayó! Ella, con el crucificado cargándolo, estaba diciendo que, en medio de las crisis y los temores, cualquiera que sea la magnitud de ellos, si se alzan los ojos hacia Jesucristo, los pecados y temores pueden ser perdonados y anulados.

---

[388]   Mateo 27:54b. (NTV).

[389]   Michael J. Wilkins. *Comentario Bíblico con Aplicación: MATEO: Del texto bíblico a una Aplicación Contemporánea.* (Nashville, Tennessee, USA. Editorial Vida. 2016), 905

III.- HACER NOTAR QUE LA MUERTE HABÍA SIDO VENCIDA.

El evangelista Mateo dice que "muchas personas santas, que habían muerto, volvieron a la vida".[390] ¡Interesante declaración! Jesucristo murió para dar vida. Cuando el apóstol Pablo habla sobre la resurrección de los muertos se pregunta: "¿Dónde está, oh muerte, tu victoria? ¿Dónde está, oh muerte, tu aguijón?" Y luego da la respuesta, diciendo que: "El aguijón de la muerte es el pecado, y el poder del pecado es la ley. ¡Pero gracias a Dios, que nos da la victoria por medio de nuestro Señor Jesucristo!"[391]

"El temor de la muerte siempre ha atormentado a la gente... - Pero -, ¿De dónde sale el temor a la muerte? En parte del miedo a lo desconocido. Pero aún más, del sentimiento de pecado".[392] Hay en nuestro interior un sentimiento constante de culpabilidad. Es una culpabilidad ocasionada por el pecado y este nos provoca el temor a la muerte.

Al mantenerse la cruz en su lugar en medio del caos provocado por el terremoto, Dios asegura que la muerte ha sido vencida y con ello el temor a la muerte. "Para eso nos dio Jesús la victoria sobre la muerte, desterrando su temor con la maravilla del amor de Dios".[393]

Ciertamente el temblor hizo notar que la muerte había sido vencida. Pero ¿qué más nos enseña?

[390]   Mateo 27:52, (DHH).

[391]   I Corintios 15:55-57, (NVI).

[392]   William Barclay. *Comentario al Nuevo Testamento: 1 y 2 Corintios. Volumen 9.* (Terrassa (Barcelona), España. Editorial CLIE. 1996), 194

[393]   William Barclay. *Comentario al Nuevo Testamento: 1 y 2 Corintios. Volumen 9.* (Terrassa (Barcelona), España. Editorial CLIE. 1996), 195

1. *Qué la misma naturaleza se dolió por la muerte de Jesucristo.* Se podría decir que la naturaleza lloró de dolor al ver al Hijo de Dios morir en tan cruel cruz. Pero al mismo tiempo lloró de felicidad por que se aproximaba su redención.

2. *Que la misma naturaleza testifica que existe un ser supremo con un poder extraordinario sobre ella.* ¿Por qué algunos hablan de la Madre Tierra? La Madre Tierra y su equivalencia como Diosa madre es un tema que aparece en muchas mitologías. La Madre Tierra es la personificación de la Tierra, descrita en varias culturas como una diosa fértil, ...Las Naciones Unidas, establece el 22 de abril como el Día Internacional de la Madre Tierra".[394]

Desde el Calvario, fuera de todo lo que digan, la naturaleza afirma que existe un poder sobrenatural sobre ella. Afirma que un Ser Supremo la hace partir las rocas, la hace rasgar el velo, la hace hasta resucitar muertos, pero, la obliga a mantener la cruz en su lugar. ¡Hay un Ser Supremo sobre la naturaleza!

3. *Que la misma naturaleza testifica lo grande y perverso que es el pecado de la humanidad.* Es decir que: "Que este terremoto significa... La horrible perversidad de los que crucificaron a Cristo. Al temblar bajo tan grande peso, la tierra dio testimonio de la inocencia – de Jesucristo, al mismo tiempo que testifica en contra de - la impiedad de los perseguidores".[395] Como en

[394] Madre Tierra. *Simbología del mundo.* (La Habra, California. Internet. Consultado el 1 de mayo del 2021) ¿? https://simbologiadelmundo.com/madre-tierra/
[395] Mathew Henry. *Comentario Exegético-Devocional a toda la Biblia: Mateo.* Td. Francisco Lacueva. (Terrassa (Barcelona), España. Editorial CLIE. 1984), 552.

tono de angustia o rabieta en contra del pecado de la humanidad, la naturaleza rasgó el velo, partió las rocas y abrió los sepulcros, por cierto, no todos los difuntos de los sepulcros abiertos resucitaron, ¡solo los santos! ¡Ah, maravillas del poder de Dios!

4. *Que la misma naturaleza, de una manera muy misteriosa, reconoció que desde ese instante habría una nueva época.* La ley llegaba a su fin y la gracia tomaba el control. "Este terremoto significa, también el golpe dado al reino de Satanás".[396] ¡Comenzaba una nueva época! El amor de Dios se sobreponía a los aterradores designios del reino satánico.

5. *Que la misma naturaleza anuncio que a la final trompeta la tierra será removida,* al mismo tiempo que enseña que nadie sabe cuándo sucederá. Nadie se esperaba un terremoto a las tres de la tarde en el Calvario.

CONCLUSIÓN.

Dios, con el terremoto del Calvario hizo sentir el cumplimiento mesiánico. ¡Dios cumplió su Palabra! En Su pasión por ver a la gente con una nueva visión y un nuevo corazón, Dios, hizo sentir a la gente un poco de remordimiento que los condujera al arrepentimiento de sus pecados. Además, Dios, por medio del terremoto hizo notar que la muerte había sido vencida.

---

[396]   Mathew Henry. *Comentario Exegético-Devocional a toda la Biblia: Mateo.* Td. Francisco Lacueva. (Terrassa (Barcelona), España. Editorial CLIE. 1984), 552.

¿Qué más necesitas para creer en Dios? ¿Qué otro milagro quieres ver para creer que Jesucristo es la última y única solución a tus pecados?

Dios quiera que un terremoto espiritual te sacuda y así puedas ver a Jesucristo muriendo por tus pecados.

¡Amen!!!

VERDADERAMENTE: ¡NO HAY DUDA!

"El oficial romano y los otros soldados que estaban en
la crucifixión quedaron aterrorizados por el terremoto
y por todo lo que había sucedido. Dijeron: '¡Este
hombre era verdaderamente el Hijo de Dios!'."

Mateo 27:54, (NVI).

INTRODUCCIÓN.

Seguramente que ustedes vieron en las redes sociales el
video de cuando una señorita le dice a su mamá – no le pide
permiso, solo le dice-, que va con unos amigos a un día de
campo.

La mamá preocupada le dice: "Hija, que Dios te
acompañe". "Pues si cabe en la cajuela está bien, porque
adentro ya vamos apretados" – fue la respuesta de la señorita.

En la carretera tuvieron un terrible accidente. Todos
murieron. Cuando uno de los oficiales de tránsito abrió la
cajuela, se sorprendió al ver que los huevos que llevaban

para comer en el campamento estaban intactos en la canasta en donde los habían puesto. Se dijo para sí. "Esto no puede ser".[397]

A esa señorita y a sus acompañantes no les dio tiempo de asegurarse de que Quién estaba en la cajuela: "Verdaderamente era el Hijo de Dios".[398]

Pastor, ¿existen más sorpresas que nos hagan exclamar y asegurar que Jesucristo "verdaderamente era el Hijo de Dios"? ¡Sí, sí existen más sorpresas! Pensemos en algunas de ellas.

I.- LA SORPRESA DE LA MUERTE VICARIA.

En los últimos minutos de la vida de Jesús en la Cruz en aquella Ultima Semana de su ministerio terrenal, la tierra testificó acerca de Quién estaba muriendo en aquella Cruz sobre el monte Calvario y, por eso, se estremeció. Se movió con tanta fuerza como mostrando su dolor que, los que estaban los soberbios soldados se "quedaron aterrorizados por el terremoto y por todo lo que había sucedido". Después de pasar por una experiencia de esa magnitud, reconocen a Quien estaban crucificando y lo anuncian como un testimonio para que la humanidad reconozca que Jesús Nazareno ERA y ES un ser humano que sufrió todos los dolores igual o peor que otro ser humana. En medio de aquella desagradable experiencia, testificaron diciendo: "Verdaderamente este es el Hijo de Dios".

"Cuando los teólogos reflexionaron más tarde sobre las palabras pronunciadas por Jesús desde la cruz, reconocieron

---

[397]   YouTube. ¡¡¡NO SUBESTIMES A DIOS, DE DIOS NADIE SE BURLA!!! (La Habra, California. Internet: YouTube. Consultado el día 12 de marzo del 2021), ¿? https://www.youtube.com/watch?v=Qeq8MavOuiE

[398]   Mateo 27:54c, (NVI).

que, en el momento…. De su muerte, sufrió el castigo de la humanidad por el pecado, a saber, la muerte".[399] Les recuerdo una vez más lo que ha dicho el apóstol Pablo en cuanto a la agonía de Jesús en el Calvario, Pablo, dijo: "Pues la paga que deja el pecado es la muerte, pero el regalo que Dios da es la vida eterna por medio de Cristo Jesús nuestro Señor".[400] La profundidad de este texto lo podemos entender: "Solo recordando el aspecto sombrío de la vida fuera de Cristo – en esa clase de vida – podemos apreciar verdaderamente la magnitud del 'don' de Dios, el don de su Gracia que imparte 'vida eterna en Cristo Jesús nuestro Señor'."[401] Aunque ya estaba escrito en las Sagradas Escrituras del Antiguo Testamento, ¡nadie se imaginó que Jesús sería el vicario de Dios! Aun el mismo Satanás que tanto lo atacó desde su niñez hasta aquel día que estaba en la Cruz, la sorpresa de la muerte vicaria seguramente que lo aterró, pues se dio cuenta que había perdido la batalla final.

II.- La sorpresa del Imán de la Cruz.

Entiendo que todos conocemos los imanes, aunque no todos sabemos cómo trabajan en su acción de atraer: "Un imán natural es una barra, generalmente recta o con forma de herradura, que tiene dos polos diferenciados, el polo positivo y el polo negativo (o también conocidos como Norte

---

[399] Michael J Wilkins. *Comentario Bíblico con Aplicación: MATEO: Del texto bíblico a una Aplicación Contemporánea.* (Nashville, Tennessee, USA. Editorial Vida. 2016), 918.

[400] Romanos 6:23, (NTV).

[401] Douglas J. Moo. *Romanos: Comentario con aplicación; del texto bíblico a una aplicación contemporánea.* (Miami, Florida. Editorial Vida. 2011), 205

y Sur)".[402] La Biblia dice que existe la salvación efectuada y garantizada por Jesucristo; pero también existe el juicio de Dios para todo aquel que rechace la salvación. Es decir que, Salvación y Condenación son dos polos opuestos: Positivo y Negativo, "(*Norte y Sur*)".

La función del imán es atraer. ¿Pero cómo lo hace? "Cuando acercamos un imán a otro imán por uno de sus extremos, puede suceder que estos se atraigan o se repelan, dependiendo de si los acercamos polo positivo con polo negativo (se atraen), polo negativo con polo negativo (se repelen) o polo positivo con polo positivo (se repelen)".[403] Interesante acción del imán. Ahora bien, ¿Qué tiene que ver esto con la sorpresa del imán de la cruz? Siempre Dios o Jesucristo serán positivos (*Polo positivo*) y siempre la humanidad ha sido negativa (*Polo negativo*). Y aquí está la gran bendición para la humanidad; en la Cruz, Jesucristo atrajo, *primeramente*, toda clase de pecado para ser perdonado.

La escena que podemos ver por el relato bíblico es que Jesús estaba colgado de la Cruz y los soldados al pie de ella observando al crucificado. Después de las tinieblas y el terremoto que les asustó, el centurión romano exclamó diciendo que verdaderamente Jesús era un hombre justo o inocente.[404]

Ahora bien, ¿Cómo relacionar el hecho de que Jesús era inocente o justo y al mismo tiempo pecador o maldito por llevar nuestros pecados sobre su persona? El apóstol Pablo les dijo a los gálatas: "Cristo nos rescató de la maldición de la ley haciéndose maldición por causa nuestra, porque la

[402] A. Balone. *Cómo funciona un imán.* (La Habra, California. Internet. Consultado el 22 de septiembre del 2021), ¿? http://comofunciona.org/como-funciona-un-iman/

[403] A. Balone. Cómo funciona un imán. (La Habra, California. Internet. Consultado el 22 de septiembre del 2021), ¿? http://comofunciona.org/como-funciona-un-iman/

[404] Lucas 23:47.

Escritura dice: 'Maldito todo el que muere colgado de un madero'."⁴⁰⁵ El apóstol Pedro dijo: "Él – Jesucristo - mismo, en su cuerpo, llevó al madero nuestros pecados, para que muramos al pecado y vivamos para la justicia. Por sus heridas ustedes han sido sanados".⁴⁰⁶ Una vez más el apóstol Pablo dice: "Al que no cometió pecado alguno, por nosotros Dios lo trató como pecador, para que en él recibiéramos la justicia de Dios".⁴⁰⁷

Entonces, pues, si Jesús cargó el pecado de la humanidad y si se hizo "maldito" y si "Dios lo trato como pecador", ¿era Jesús inocente cuando estaba en la cruz o era un pecador al que Dios Padre no quiso ver a causa de Su Pecado? Benny Hinn, en uno de sus mensajes dijo: "Él [Jesús] que es justo por elección dijo: 'La única manera que puedo detener el pecado es convertirme en el. No puedo evitarlo, dejando que me toque, yo y el debemos ser uno. ¡Escucha esto! ¡El que es de la naturaleza de Dios se ha hecho de la naturaleza de Satanás cuando él se hizo pecado!'."⁴⁰⁸ Nathan Busenitz dice que: "Copeland reitera esa misma enseñanza – diciendo -: '¿Cómo Jesús entonces en la cruz dijo: 'Dios mío'? Porque Dios no era Su padre más. Él tomó sobre sí la naturaleza de Satanás'."⁴⁰⁹

En el otro lado de la moneda nos encontramos con que, el profeta Isaías hablado del ministerio de Jesucristo, dijo que: "Todos andábamos perdidos, como ovejas; cada uno

⁴⁰⁵   Gálatas 3:13, (DHH).

⁴⁰⁶   I Pedro 2:24, (NVI).

⁴⁰⁷   2 Corintios 5:21, (NVI).

⁴⁰⁸   Nathan Busenitz. *¿Jesús Se Hizo Pecador en la Cruz?* (Benny Hinn, Trinity Broadcasting Network, 1 de diciembre de 1990). (La Habra, California. Internet. Consultado el 22 de septiembre del 2021), ¿? https://evangelio.blog/2013/11/21/jess-se-hizo-pecador-en-la-cruz/

⁴⁰⁹   Nathan Busenitz. *¿Jesús Se Hizo Pecador en la Cruz?* (Kenneth Copeland, "Believer's Voice of Victory," Trinity Broadcasting Network, April 21, 1991). (La Habra, California. Internet. Consultado el 22 de septiembre del 2021), ¿? https://evangelio.blog/2013/11/21/jess-se-hizo-pecador-en-la-cruz/

seguía su propio camino, pero el Señor hizo recaer sobre él la iniquidad de todos nosotros".[410] El apóstol Juan les dijo a sus contemporáneos: "Y sabéis que él – Cristo Jesús - apareció para quitar nuestros pecados, *y no hay pecado en él*".[411]

Estos textos bíblicos (y otros más como Lucas 23:47; Romanos 5:19; Filipenses 2:8; y Hebreos 4:15, en donde dice: "Porque no tenemos un sumo sacerdote que no pueda compadecerse de nuestras flaquezas, sino uno que ha sido tentado en todo como nosotros, pero sin pecado." (El **Bold** y subrayado son míos), todos estos textos aseguran que Jesús era sin pecado. ¿Cómo, pues, explicamos el aparente contraste de declaraciones? ¿Jesús era un pecador en la Cruz o era inocente? "La mejor manera de entender la declaración de Pablo (que Jesús se hizo pecado por nosotros) es en términos de imputación. Nuestro pecado fue imputado a Cristo, de tal manera que se convirtió en un sacrificio sustitutivo o expiación para todos los que creyeran en Él".[412] Es decir que, Jesús, en su positivismo perdonador atrajo, como el imán, a toda clase de pecado y el mismo pecado original hacia El sin dejar de ser el justo. El imán no se convierte en lo que atrae.

En segundo lugar, Jesús, en la Cruz, no solo atrajo el pecado para liberarnos de él, sino que también proveyó la salvación; es decir, Jesús "jala" a todo ser humano que se acerca a él y le quita su pecado. Una vez más, decimos que, aunque Jesús atrae hacia sí mismo a los pecadores, Jesús, no se convierte en ellos: ¡El sigue siendo Dios Salvador! El imán atrae sin llegar a ser lo que atrae.

---

410   Isaías 53:6, (NVI). El subrayado e *itálicas* son mías.

411   I Juan 3:5, (RV, 1960). El **Bold** y las *Itálicos* son mías.

412   Nathan Busenitz. *¿Jesús Se Hizo Pecador en la Cruz? (Benny Hinn, Trinity Broadcasting Network, 1 de diciembre de 1990* (La Habra, California. Internet. Consultado el 22 de septiembre del 2021), ¿? https://evangelio.blog/2013/11/21/jess-se-hizo-pecador-en-la-cruz/

Después de una aterradora experiencia, allí en la cúspide del Calvario, la escena se transforma en algo esperanzador. "La muerte de Jesús impresionó vivamente al centurión y a la multitud. Su muerte tuvo el efecto que no había tenido en su vida: Quebrantar el corazón duro humano. Ya se estaba cumpliendo el dicho de Jesús: 'Cuando me levanten de la tierra, atraeré a Mí a todos los hombres'. (Juan 12:32). El imán de la cruz había empezado a producir efecto en el mismo momento de la muerte de Jesús".[413] ¡Amén!!

III.- LA SORPRESA DE LOS ACONTECIMIENTOS CERCANOS A LA CRUZ.

¡Nada igual! En el caso de Buda, "sus discípulos más cercanos se quedaban perplejos al tratar de entender cuál era su naturaleza. Preguntaban: '¿Señor, después de la muerte, el Tathágata existe, no existe, ambos casos o ninguno?' y él siempre ofrecía la misma respuesta: 'No resulta pertinente decir que un Buda existe después de la muerte. No es apropiado decir que un Buda no existe después de la muerte. Tampoco lo es decir que un Buda, tanto, existe (en un sentido) como no existe (en otro) después de la muerte. No es apropiado decir que un Buda ni existe ni no existe después de la muerte. Cualquier forma de explicar o describir la cuestión resulta inapropiada'."[414]¿En qué nos quedamos? ¡En quien sabe qué! Porque el Tathāgata o Tathagata atribuye al propio Buda Gautama para referirse a sí mismo. Se traduce como

[413]   William Barclay. *Comentario al Nuevo Testamento: Volumen 4: LUCAS*. (Terrassa (Barcelona), España. Editorial CLIE. 1994), 346.

[414]   Textos y libros budistas. *Reflexiones sobre la muerte*. (La Habra, California. Internet. Consultado el 22 de septiembre del 2021), https://www.budismo-valencia.com/budismo/muerte-buda

'el que así ha venido' (Thatā - āgata) o 'el que así se ha ido' (Thatā - gata). También se ha señalado como traducción de este término: 'el que ha alcanzado la verdad';".[415] ¿Por fin, muere o no muere? Y, si muere, ¿Qué se logra con su muerte? Al parecer, ¡nada seguro! Entonces, pues, la muerte de Buda dejó incertidumbre.

Sobre la muerte de Mahoma se dice que: "En los dos últimos años de la vida de Mahoma el Islam se extendió al resto de Arabia. Al morir Mahoma sin heredero varón, estallaron las disputas por la sucesión, que recayó en el yerno del profeta, Abú Bakr, convertido así en el primer califa o sucesor".[416] La muerte de Mahoma dejó "disputas".

En México, las muertes de Don Miguel Hidalgo y Costilla, del cura Don José María Morelos y Pavón y de todos los demás considerados los héroes de la Independencia Mexicana, dejaron aun país completamente dividido, con una política inconsistente y con huellas bien marcadas de una esclavitud que todavía se practica.

La Historia Bíblica de *La Ultima Semana* de vida de Jesucristo en esta tierra nos presenta la sorpresa de los acontecimientos cercanos a la Cruz. Parte de esta historia dice que: "… el centurión – romano que estaba junto a la Cuz de Jesús - y sus hombres vieron morir a Jesús y - escucharon sus grandes gritos, en especial el ultimo, cuando Jesús gritó: "Padre, en tus manos encomiendo mi espíritu -… Al observar el oscurecimiento sobrenatural del cielo, el velo del templo rasgado en dos, el terremoto y como se abrieron las tumbas,

[415]   Wikipedia, la enciclopedia libre. *Tathāgata*. (La Habra, California. Internet. Consultado el 22 de septiembre del 2021), ¿? https://es.wikipedia.org/wiki/Tath%C4%81gata

[416]   Gran Enciclopedia Rialp. Breve biografía de Mahoma. (La Habra, California. Internet. Consultado el 22 de septiembre del 2021), ¿? https://www.gecoas.com/religion/historia/medieval/EM-A.htm

de repente cayeron en la cuenta de que Jesús podría ser quien dijo ser. Y, totalmente sobrecogidos, pronunciaron: '¡Verdaderamente este era el Hijo de Dios!' (Mat.27:54)".[417] ¡Fueron sorprendidos por el mismo Dios!

La muerte de Jesús en la Cruz del Calvario, además de las sorpresas que hemos notado, también, aseguró una libertad eterna de todo pecado; una libertad de la maldad y una libertad del mismo poder satánico.

CONCLUSIÓN.

Una de las grandes promesas que tenemos en la Biblia es la Segunda venida de Jesucristo. Ya han pasado muchos cientos de años desde que Jesucristo dijo: "—Yo soy el camino, la verdad y la vida. Solamente por mí se puede llegar al Padre. ... Y si me voy y preparo un lugar para vosotros, vendré otra vez y os tomaré conmigo; para que donde yo estoy, allí estéis también vosotros".[418]

Los apóstoles estaban convencidos del regreso de Jesús a la tierra en forma corporal. Pablo dijo: "El Señor mismo descenderá del cielo con voz de mando, con voz de arcángel y con trompeta de Dios".[419] El apóstol Pedro dijo: "El Señor no tarda en cumplir su promesa, según entienden algunos la tardanza. Más bien, él tiene paciencia con ustedes, porque no quiere que nadie perezca, sino que todos se arrepientan. Pero el día del Señor vendrá como un ladrón. En aquel día los cielos desaparecerán con un estruendo espantoso, los elementos

---

[417] Michael J Wilkins. *Comentario Bíblico con Aplicación: MATEO: Del texto bíblico a una Aplicación Contemporánea*. (Nashville, Tennessee, USA. Editorial Vida. 2016), 920-921.

[418] Juan 14:6, (DHH); Juan 14:3, (La Biblia de las Américas).

[419] I Tesalonicenses 4:14, (NVI).

serán destruidos por el fuego, y la tierra, con todo lo que hay en ella, será quemada".[420] En el Libro de Apocalipsis, el Cristo Glorificado le dijo a Juan: "El que declara esto", - es decir, todo lo revelado a Juan en el Apocalipsis-, dice: 'Sí, vengo pronto'. Y, la respuesta de Juan fue: Amén. ¡Ven, Señor Jesús!"[421] Verdaderamente: ¡No hay duda! Jesucristo regresará por segunda vez a esta tierra de una manera corporal. ¡Todo ojo le verá! dice la Escritura. Mi pregunta es: ¿Te sorprenderá su venida? ¿Te sorprenderá como se sorprendió el policía que vio la canasta de huevos sin ninguno de ellos quebrado en aquel accidente automovilístico? ¿Te sorprenderá como sorprendió a los que estaban al pie de la Cruz?

Yo espero que no te sorprenda la Segunda venida de Jesucristo. Recuerda: Verdaderamente: ¡No hay duda! Jesucristo regresará por segunda vez a esta tierra de una manera corporal.

¡Espéralo!

¡Amén!

---

[420]   2 Pedro 3:9-10, (NVI).
[421]   Apocalipsis 22:20, (DHH).

EL OTRO EQUIPO

"Estaban allí, mirando de lejos, muchas mujeres que habían seguido a Jesús desde Galilea para servirle. Entre ellas se encontraban María Magdalena, María la madre de Jacobo y de José, y la madre de los hijos de Zebedeo".

Mateo 27:55-56, (NVI).

INTRODUCCIÓN.

El evangelista Mateo habla de "Muchas mujeres" que estaban en el monte Calvario mientras Jesús estaba crucificado. Menciona por nombre a tres de ellas y enfatiza que dos de ellas eran madres: María Magdalena, María la madre de Jacobo y de José, y la madre de los hijos de Zebedeo.

Jesús murió. De acuerdo con el relato de Mateo, un fuerte terremoto atemorizó a los que estaban cuidando al crucificado. Me imagino que algunos corrieron cuesta abajo. Allí mismo estaba *El Otro Equipo* del Señor Jesús. Mateo lo llama: "Muchas mujeres". Por cierto, el *Primer Equipo* llamado el Cuerpo Apostólico, con la excepción de Juan, estaba escondido. Fue un Equipo que, en el momento en que Jesús lo necesitaba, lo abandonaron por temor a las autoridades.

Ahora bien, en medio de todo ese caos de tinieblas, de un fuerte terremoto, de rocas partidas, de sepulcros abiertos, ¿qué estaba haciendo este *Otro Equipo*?

I.- ESTABAN OBSERVANDO.

El evangelista Mateo dice que el *Otro Equipo*: "Estaba allí, mirando de lejos,"[422] Allí estaban mirando de lejos, "puesto que en ese momento no podían prestarle ningún servicio, le dirigían al menos una mirada de afecto, una mirada de pena",[423] una mirada de dolor, un dolor de lo más profundo de su ser al ver a Jesús en esas circunstancias. ¿Por qué de lejos? *Primero*, porque ellas eran mujeres judías y los que estaban cuidando al crucificado eran romanos. Entre los judíos y los romanos no había una amistad. Así que este *Otro Equipo* no se podía acercar al crucificado porque tenía una barrera cultural de por medio. Sin embargo, estaba listo para actuar en el momento en que se le solicitara.

Segundo, las mujeres judías estaban sometidas a una mala interpretación de la ley judía. Desde el principio, cuando Dios creo al ser humano lo hizo para complementarse entre sí. "Mujeres y hombres fueron originalmente creados por Dios como iguales y como colaboradores que se complementaban entre sí para gobernar a la creación divina en su nombre (Gn 1:26-28)".[424] Con el correr de tiempo, esta verdad bíblica fue

---

[422]   Mateo 27:55, (NVI).

[423]   Matthew Henry. *Comentario Exegético-Devocional a toda la Biblia: Mateo.* Td. Francisco Lacueva. (Terrassa (Barcelona), España. Editorial CLIE. 1984), 555-556.

[424]   Michael J. Wilkins. *Comentario Bíblico con Aplicación: MATEO: Del texto bíblico a una Aplicación Contemporánea.* (Nashville, Tennessee, USA. Editorial Vida. 2016), 921.

tergiversada y una mala interpretación de la ley judía dejó a la mujer sin dignidad, sin valor y sin mérito alguno.

El historiador judío Josefo, dijo que: "Según la ley, la mujer es en todo inferior al hombre".⁴²⁵ ¡Error garrafal! El hecho de que en el Calvario estén observando no quiere decir que sean inferiores, sino que están en la mejor disposición de servir a Jesucristo aun en las peores circunstancias. ¿Dónde estaba el *Primer Equipo?* Escondidos en alguna parte. En esta escena, lejos de ser inferiores, las mujeres muestran un valor superior al de los hombres. Allí estaban observando a sabiendas que las podías arrestar.

Allí estaban observando todo lo que sucedía como diciendo, ¿en qué les podemos ayudar? "Se ha dicho que, al contrario de los hombres, las mujeres no tenían nada que temer, porque su posición publica era tan poco importante que nadie se fijaría en las discípulas".⁴²⁶ Tal vez eso era cierto. Pero no podemos negar el valor y el amor que ellas mostraron al estar allí paradas frente al crucificado. "estaban allí porque amaban a Jesús; y para ellas, como para tantos otros, el perfecto amor echa fuera el temor".⁴²⁷

Tercero, las mujeres judías estaban marginadas por una oración que algunos rabinos judíos inventaron y que aceleraron la idea de que la mujer no tiene dignidad, no tiene valor y que no tiene mérito alguno. Esa oración dice: "¡Alabado sea Dios por no haberme hecho gentil! ¡Alabado

⁴²⁵ Michael J. Wilkins. *Comentario Bíblico con Aplicación: MATEO: Del texto bíblico a una Aplicación Contemporánea.* (Nashville, Tennessee, USA. Editorial Vida. 2016), 921.

⁴²⁶ William Barclay. *Comentario al Nuevo Testamento: Volumen 2: MATEO: II.* Trd. Alberto Araujo. (Terrassa (Barcelona), España. Editorial CLIE. 1997), 428.

⁴²⁷ William Barclay. *Comentario al Nuevo Testamento: Volumen 2: MATEO: II.* Trd. Alberto Araujo. (Terrassa (Barcelona), España. Editorial CLIE. 1997), 428.

sea Dios por no haberme creado mujer! ¡Alabado sea Dios que no me ha creado ignorante!"⁴²⁸

¡Ah, pensamientos vanos de hombres que no se percatan que el racismo y la discriminación es parte de la ignorancia! ¡Ah, pensamientos vanos que les impiden ver que el amor de una mujer supera cualquier barrera! Allí estaban observando para ver en que serían útiles.

II.- ESTABAN DE PIE.

Estas mujeres habían seguido a Jesús desde Galilea hasta el mismo Calvario con un solo propósito: ¡Servirle! Estamos, pues, hablando de que estas fueron mujeres notables. Sus méritos se pueden apreciar en por lo menos con dos admirables acciones:

1. "Mostraron un valor que es difícil de encontrar.
2. Habían dado evidencia de tener corazones llenos de amor y compresión".⁴²⁹

Dignidad, valor, mérito, igualdad y respeto por las mujeres es lo que Jesucristo hizo resaltar en cada una de las damas que lo acompañaron durante su ministerio terrenal. Es decir que: "Un resultado directo del ministerio de Jesús fue la restauración y la afirmación de las mujeres".⁴³⁰ Este es un

---

⁴²⁸   Michael J. Wilkins. *Comentario Bíblico con Aplicación: MATEO: Del texto bíblico a una Aplicación Contemporánea.* (Nashville, Tennessee, USA. Editorial Vida. 2016), 921.

⁴²⁹   Guillermo Hendriksen. *El Evangelio de Mateo: Comentario al Nuevo Testamento.* (Grand Rapids, Michigan. Distribuido por T.E.L.L. Subcomisión Literatura Cristiana. 1986), 1026.

⁴³⁰   Michael J. Wilkins. *Comentario Bíblico con Aplicación: MATEO: Del texto bíblico a una Aplicación Contemporánea.* (Nashville, Tennessee, USA. Editorial Vida. 2016), 921.

hecho que notamos en los evangelios. Ellas, el *Otro Equipo*, que estaba de pie frente al crucificado con el mismo espíritu de servicio, los cuatro evangelistas les dan los siguientes cinco créditos:

1. "Las mujeres son igualmente merecedoras de la actividad salvífica de Jesús (Juan 4:1-42).
2. Las mujeres fueron llamadas a ser discípulas de Jesús (Mateo 12:48-50).
3. Las mujeres recibieron instrucción y educación como discípulas de Jesús (Lucas 10:38-42).
4. Las mujeres forman parte del equipo ministerial (Lucas 8:1-3).
5. Por su valiente presencia junto a la cruz y en la tumba, las mujeres fueron designadas para ser las primeras en dar testimonio de la resurrección de Jesús (Mateo 28:10; Marcos 16:7; Juan 20:17)".[431]

¡Siempre listas para servir! No era la costumbre que un rabino tuviera una mujer como su discípulo, pero Jesús lo hizo. Jesús no solo vio el amor que ustedes, mujeres, tienen por el Reino de Dios, sino que también vio el potencial que ustedes tienen. Un potencial que hace resaltar a la Iglesia del Señor sobre cualquier circunstancia.

¡Adelante, mujeres, Dios las ha llamado a ser madres no solo de sus hijos biológicos sino también de los hijos espirituales! Ambos necesitan la ayuda con ese potencial de servicio con que Dios las ha dotado.

[431] Michael J. Wilkins. *Comentario Bíblico con Aplicación: MATEO: Del texto bíblico a una Aplicación Contemporánea*. (Nashville, Tennessee, USA. Editorial Vida. 2016), 921-922.

III.- ESTABAN SENTADAS.

Después de que los soldados terminaron su tarea, llegó el tiempo de sepultar el cuerpo de Jesús. "El grupo que asistió al funeral fue pequeño e insignificante: además de José – de Arimatea -, María la Magdalena y la otra María... Las mismas que estuvieron presentes en el Calvario, le siguieron también hasta el sepulcro".[432] ¡Qué fidelidad! El valor y la tenacidad de estas mujeres es admirable.

Su ejemplo nos enseña que: "El verdadero amor a Cristo no nos permitirá dejarle hasta el final".[433] En el sexto Canto del Cantar de los Cantares, la amada le dice al amado: "Grábame como un sello sobre tu corazón; llévame como una marca sobre tu brazo. Fuerte es el amor, como la muerte, ... Como llama divina es el fuego ardiente del amor. Ni las muchas aguas pueden apagarlo, ni los ríos pueden extinguirlo".[434] Este tipo de amor es el que las mujeres del *Otro Equipo* mostraron.

Pues bien, la hora del día de reposo estaba muy próxima, así que se dieron prisa para sepultarlo. Fue tan rápida la sepultura que no dio tiempo de hacer todos los preparativos correspondientes para la sepultura. La Biblia dice que: "Al atardecer, llegó un hombre rico de Arimatea, llamado José, ... José tomó el cuerpo, lo envolvió en una sábana limpia y lo puso en un sepulcro nuevo..., y se fue. Allí *estaban, sentadas* frente al sepulcro, María Magdalena y la otra María".[435]

Noten que dos de las mujeres del *Otro Equipo*, se quedaron sentadas frente al sepulcro. Otra versión dice: "*Continuaron*

---

[432]   Matthew Henry. *Comentario Exegético-Devocional a toda la Biblia: Mateo.* Td. Francisco Lacueva. (Terrassa (Barcelona), España. Editorial CLIE. 1984), 558.

[433]   Matthew Henry. *Comentario Exegético-Devocional a toda la Biblia: Mateo.* Td. Francisco Lacueva. (Terrassa (Barcelona), España. Editorial CLIE. 1984), 558.

[434]   Cantar de los Cantares 8:6-7, (NVI).

[435]   Mateo 27:57-61, (NVI). *La itálicas son mías.*

allí.[436] Otra Versión es más enfática, pues dice que estaban: *"Allí sentadas frente a la tumba"*.[437] ¡Qué fidelidad de estas mujeres! Al parecer se quedaron allí toda la noche, Por la mañana llegó la guardia de Pilato para continuar con el cuidado de la tumba.

¡Hermoso y admirable Equipo! Mientras unas cuidan el sepulcro otras, en cuanto terminó el día de descanso, fueron a comprar y a preparar los ungüentos que se usaban en los sepelios. "El sábado terminaba al ponerse el sol... Ellas no tuvieron tiempo para hacerlo cuando Jesús fue sepultado, pues el sábado estaba por comenzar".[438]

Así que: "El sábado al atardecer, cuando terminó el día de descanso, María Magdalena, Salomé y María, la madre de Santiago, fueron a comprar especias para el entierro, a fin de ungir el cuerpo de Jesús. El domingo por la mañana muy temprano, justo al amanecer, fueron a la tumba".[439]

¿Lo notaron? Cuando estaba anocheciendo salieron a comprar las especies para el entierro y muy de mañana ya estaban en camino al Cementerio. ¡Ah, benditas mujeres incansables! ¡Benditas mujeres que cuando se echan encima un compromiso sacan fuerzas de donde ya no hay! ¡Benditas mujeres que con un valor admirable sirvieron a Jesús aun en las peores circunstancias! ¡Benditas mujeres que aun cuando están sentadas, están sirviendo al Señor!

Mujeres, ¡que Dios las bendiga!

[436] Comité de Traducción de la Biblia. Traducción del Nuevo Mundo de las Santas Escrituras. (Nueva, York. USA. Watch Tower Bible and Tract Society of Pennsylvania e International Bible Students Association of Brooklyn, New York. 1961), 1987.
[437] Biblia Peshito en español. (Nashville, Tennessee. Publicada por Holman Bible Publishers. 2000), 1076.
[438] Nota de pie de página en la *Biblia de Estudio Esquemática*. (Brasil. Sociedades Bíblicas Unidas. 2010), 1481
[439] Marcos 16:1, (NTV).

CONCLUSIÓN.

Las mujeres que viajaban con Jesús, es decir, el *Otro Equipo*, fueron de gran ayuda para el Señor. Ustedes, mujeres, Dios les ha dado la bendición de usar las dos partes del cerebro, los hombres usamos solo un lado, el izquierdo que está asociado con el pensamiento lógico y racional. El *Primer Equipo*, usó la lógica y lo racional y por eso se escondió.

En cambio, ustedes mujeres, al usar lo lógico, lo racional, lo afectivo, la intuición y la imaginación, ya sea que estén a distancia de las necesidades, ya sean que estén de pies o sentadas, su potencial de servicio está activo.

Mujeres, Dios las ha redimido, les ha dado valor, les ha dado dignidad, les ha dado mérito y las ha capacitado con el potencial de amar y de servir: ¡Usen ese potencial para la gloria de Dios!

¡Amén!!!

LA VERDADERA ESENCIA DEL CRISTIANISMO

- *La Resurrección* -

"Ahora bien, si se predica que Cristo ha sido levantado
de entre los muertos, ¿cómo dicen algunos de ustedes
que no hay resurrección? Si no hay resurrección,
entonces ni siquiera Cristo ha resucitado. Y, si
Cristo no ha resucitado, nuestra predicación no sirve
para nada, como tampoco la fe de ustedes".

I Corintios 15: 12-14, (NVI).

INTRODUCCIÓN.

En uno de los muchos viajes misioneros que Jesús hizo se
dirigió a la ciudad de Jerusalén. Y: "Mientras subía Jesús
rumbo a Jerusalén, tomó aparte a los doce discípulos y les
dijo: 'Ahora vamos rumbo a Jerusalén, y el Hijo del hombre
será entregado a los jefes de los sacerdotes y a los maestros
de la ley. Ellos lo condenarán a muerte y lo entregarán a los

gentiles para que se burlen de él, lo azoten y lo crucifiquen. Pero al tercer día resucitará'".[440]

Para el apóstol Pablo, la Resurrección de Jesús era y es algo muy esencial en la Nueva Era que Jesucristo había iniciado. Porque, según Pablo: "Si no hay resurrección, entonces ni siquiera Cristo ha resucitado. Y, si Cristo no ha resucitado, nuestra predicación no sirve para nada, como tampoco la fe de ustedes".[441] "Lutero dijo que la doctrina de la justificación por fe era la doctrina de la iglesia que había de permanecer o caer, pero puesto que Jesucristo fue levantado para nuestra justificación sería más acertado decir que la doctrina de la iglesia que había de permanecer o caer es la de la resurrección de los muertos".[442] Para John MacArthur: "La Resurrección de Jesús es el evento más importante en la historia de la Redención".[443] Y luego agrega: "La resurrección no es solo una característica del cristianismo, es su verdad esencial. El punto de todo el evangelio para rescatar a la gente del infierno".[444]

Entonces, pues, si la verdadera esencia del cristianismo es la Resurrección de Jesús, entonces, pastor, ¿en qué radica su esencial verdad? Como respuesta les invito a que pensemos en tres verdades esenciales de la Resurrección de Jesús.

---

[440]   Mateo 20:17-19, (NTV).

[441]   I Corintios 15:13-14, (NVI).

[442]   Carroll, B. H. Comentario Bíblico: Santiago, 1ra y 2da Tesalonicenses, 1ra y 2da de Corintios. Volumen 10. Trd. Sara A. Hale. (Terrassa (Barcelona), España. Editorial CLIE. 1987), 265.

[443]   John MacArthur. La resurrección de Jesús: El evento más importante en la historia de la Redención. (City of Commerce, California. Fuerza Latina Intertaiment Inc. Abril del 2014), 18.

[444]   John MacArthur. La resurrección de Jesús: El evento más importante en la historia de la Redención. (City of Commerce, California. Fuerza Latina Intertaiment Inc. Abril del 2014), 18.

I.- JESÚS, EN CUMPLIMIENTO PROFÉTICO, TENÍA QUE MORIR, SER SEPULTADO Y RESUCITAR.

En un mensaje anterior he citado los textos de Deuteronomio 21:22-23. "En este pasaje Moisés ... pone énfasis en la ley que ordena sepultar antes de la puesta del sol el cuerpo de alguien que hubiera sido condenado a muerte y colgado de un madero (Mt 27:57-58; Jn19:31".[445] En el Nuevo Testamento, leemos que el apóstol Pablo les dijo a los hermanos de Roma: "Ahora bien, si hemos muerto con Cristo, confiamos que también viviremos con él. Pues sabemos que Cristo, por haber sido levantado de entre los muertos, ya no puede volver a morir; la muerte ya no tiene dominio sobre él. En cuanto a su muerte, murió al pecado una vez y para siempre; en cuanto a su vida, vive para Dios".[446] Luego, pues, la resurrección de Jesús cumplió la profecía bíblica.

Así que ahora, nos hacemos la pregunta: ¿En realidad resucitó Jesús? En 1907, un pastor fue invitado a predicar en la reunión de la Convención Bautista del Sur. En su predicación dijo: "El cuerpo de la resurrección de Cristo fue asumido interinamente, con el mero propósito de identificación, y después fue eliminado. ¿Qué hizo? No lo sabemos, y no es importante que lo sepamos".[447] ¿En serio? ¿No es importante que lo sepamos? Estamos hablando de la resurrección de Jesús y, si no es importante que conozcamos el paradero del cuerpo de Jesús, estamos diciendo que la Resurrección de Jesucristo no es esencial para el cristianismo.

---

[445] Nota de pie de página en la *Biblia de Estudio Esquemática*. (Brasil. Sociedades Bíblicas Unidas. 2010), 291.

[446] Romanos 6:8-10, (NVI).

[447] Carroll, B. H. *Comentario Bíblico: Santiago, 1ra y 2da Tesalonicenses, 1ra y 2da de Corintios. Volumen 10*. Trd. Sara A. Hale. (Terrassa (Barcelona), España. Editorial CLIE. 1987), 270.

Así, que, nos volvemos a preguntar: ¿En realidad resucitó Jesús? El Señor había resucitado a una joven, hija de un hombre llamado Jairo. Jesús llegó a la casa de Jairo: "Y tomando la mano de la muchacha, le dice: *Talita cumi*; que es, si lo interpretares: Muchacha, a ti te digo, levántate. Al instante la niña se levantó y comenzó a caminar, pues tenía doce años".[448] También resucitó a Lázaro de Betania.[449]

Una persona viva resucitar a un muerto puede que tenga cierta lógica, pero, que un muerto se resucite así mismo, es otra cosa. Aunque más adelante mostraré que Jesús no se resucitó solo, aun así, tenemos que volver a la pregunta: ¿En verdad resucitó Jesús al tercer día de muerto?

El Doctor B.H. Carroll presenta en uno de sus libros once hechos que prueban la resurrección de Jesús. Él se pregunta: "¿Murió en realidad Jesús, o sería solamente un caso de desmayo, rapto, u otra clase de animación suspensa de lo cual se repuso subsecuentemente?".[450] Y luego presenta sus once hechos que prueban que realmente Jesús resucitó. Comienza diciendo que Jesús sí murió. En el séptimo hecho hace mención de que una guardia romana fue puesta a la entrada del sepulcro para cuidar que nadie entrara a él y, además, en el sexto hecho dice que una gran piedra fue puesta en la entrada del sepulcro.[451] Hecho que narra el Evangelio de Mateo de esta manera: "... Al día siguiente, después del día de la preparación, los jefes de los sacerdotes y los fariseos se presentaron ante Pilato. —Señor —le dijeron—, nosotros recordamos que mientras ese engañador aún vivía, dijo: 'A

---

[448]   Marcos 5:41-42 Biblia Jubileo 2000.

[449]   Juan 11:38-44.

[450]   B. H. Carroll. *Comentario Bíblico: Los Cuatro Evangelios. Volumen 6. Tomo II*. Trd. Sara A. Hale. (Terrassa (Barcelona), España. Editorial CLIE. 1986),475.

[451]   B. H. Carroll. Comentario Bíblico: Los Cuatro Evangelios. Volumen 6. Tomo II. Trd. Sara A. Hale. (Terrassa (Barcelona), España. Editorial CLIE. 1986),475-479.

los tres días resucitaré'. Por eso, ordene usted que se selle el sepulcro hasta el tercer día, no sea que vengan sus discípulos, se roben el cuerpo y le digan al pueblo que ha resucitado. Ese último engaño sería peor que el primero. —Llévense una guardia de soldados —les ordenó Pilato—, y vayan a asegurar el sepulcro lo mejor que puedan. Así que ellos fueron, cerraron el sepulcro con una piedra, y lo sellaron; y dejaron puesta la guardia".[452]

Ni la piedra, ni la guarda romana impidieron que Jesús resucitara. Al tercer día, de acuerdo con la profecía que el mismo Jesús había anunciado, un fuerte terremoto sacudió el lugar en donde estaba el cuerpo de Jesús; un ángel llegó, removió la piedra, dejando la entrada libre al sepulcro y los guardias se paralizaron del temor o terror que le causó sentir y ver lo que sucedió entre ellos. ¿Y quién no se espantaría con un "gran terremoto" y viendo a un ángel sentado sobre la piedra?

Cuando las mujeres llegaron al sepulcro, el ángel, que, estaban sentado sobre la piedra removida les dijo: "... —No tengan miedo. Yo sé que están buscando a Jesús, el que fue crucificado. No está aquí, sino que ha resucitado, como dijo. Vengan a ver el lugar donde lo pusieron. Vayan pronto y digan a los discípulos: 'Ha resucitado, y va a Galilea para reunirlos de nuevo; allí lo verán'."[453] ¡Jesús tenía que resucitar para cumplir las Escrituras! ¡Jesús tenía que resucitar porque este evento es algo esencial para el cristianismo! Las palabras de Pedro, lleno del Espíritu Santo, cuando los miembros del Sanedrín les preguntaron con que poder y en nombre de quien habían sanado a un cojo[454], les respondió diciendo: "—Gobernantes

---

[452]   Mateo 27:62-66, (NVI).
[453]   Mateo 28:5-7, (DHH); Lucas 24:1-10.
[454]   Hechos 3:1-10. Las **bolds** e *itálicas* son mías.

y ancianos de nuestro pueblo, ¿nos interrogan hoy por haber hecho una buena obra a un lisiado? ¿Quieren saber cómo fue sanado? Déjenme decirles claramente tanto a ustedes como a todo el pueblo de Israel que fue sanado por el poderoso nombre de Jesucristo de Nazaret, el hombre a quien ustedes crucificaron, pero *a quien Dios levantó de los muertos*".[455] ¡Jesucristo no está muerto! ¡Jesucristo no está crucificado! ¡Jesucristo no está en una tumba! ¡El ha resucitado!

¡Sí, el Señor Resucitó! Repitan conmigo: ¡El Señor Resucitó! Jesús, en cumplimiento profético, tenía que morir, ser sepultado y resucitar. Esto es esencial para todo cristiano porque así se había profetizado y así, se ganó una gran batalla contra el pecado, la muerte y contra el mismo príncipe de este mundo; Satanás.

Bueno, ¿y qué pasó con los soldados que estuvieron cuidando la entrada de la tumba en donde estaba el cuerpo de Jesús? Con ellos sucedieron dos hechos que recalcan las Escrituras. *Primero:* No mintieron. ¡Gracias a Dios que no lo hicieron, de lo contrario tendríamos otro hecho que investigar, sus mentiras. Ellos dijeron la verdad. "Avisaron a los principales sacerdotes – el llamado Sanedrín – de todas las cosas que habían acontecido".[456]

Segundo: Fueron sobornados. "Un soborno es dinero, favor, u otra consideración dada a cambio de la influencia de alguien en contra de lo que es verdadero, correcto, o justo. La Biblia deja claro que el dar o recibir un soborno es algo perverso".[457] El Evangelista Mateo dice que los líderes de los judíos, es decir, El Sanedrín, que era la Corte Suprema entre

---

[455]   Hechos 4:8-10, (NTV).

[456]   Mateo 28:11b, (RV, 1960).

[457]   Got Questions. *¿Qué dice la biblia acerca del cohecho / dar o recibir un soborno?* (La Habra, California. Internet. Consultado el 15 de septiembre del 2021), ¿? https://www.gotquestions.org/Espanol/biblia-soborno.html

el judaísmo, "... dieron mucho dinero a los soldados, a quienes advirtieron: —Ustedes digan que durante la noche, mientras ustedes dormían, los discípulos de Jesús vinieron y robaron el cuerpo. Y si el gobernador se entera de esto, nosotros lo convenceremos, y a ustedes les evitaremos dificultades. Los soldados recibieron el dinero e hicieron lo que se les había dicho. Y ésta es la explicación que hasta el día de hoy circula entre los judíos".[458]

"*Y esta es explicación que hasta el día de hoy*" notamos y sabemos que sucede entre nuestra gente contemporánea. Sin embargo: "Cuando intentamos negar realidades tan obvias como esta – la Resurrección de Jesús de Nazaret – terminamos resaltado la misma realidad que intentamos negar. Es inevitable, 'porque nada podemos contra la verdad, sino por la verdad' (2 Corintios 13:8".[459]

Lo incompresible, aunque no deja de ser una verdad Bíblica-teológica, es que, en la Resurrección de Jesús, la Santa Trinidad juega un papel muy importante. Esto le da más carácter de esencial a este evento. La Biblia dice que....

1. *Dios resucito a Jesús de entre los muertos.* La Biblia dice que: "... sabiendo que fuisteis rescatados de vuestra vana manera de vivir -por -, la sangre preciosa de Cristo, ... ya destinado desde antes de la fundación del mundo, ... y mediante el cual creéis en Dios, quien le resucitó de los muertos y le ha dado gloria, para que vuestra fe y esperanza sean en Dios".[460]

---

[458]   Mateo 28:12b-15, (DHH).

[459]   Daniel R. Huber. *Editorial.* (Costa Rica, C. A. Publicadora la Merced. 2021. Artículo publicado en la Revista La Antorcha de la Verdad. Marzo-abril, 2021. Volumen 35. Número 2.), 3.

[460]   I Pedro 1:18-21, (RV, 1960).

También dice que: "El Dios que da la paz levantó de entre los muertos al gran Pastor de las ovejas, a nuestro Señor Jesús, por la sangre del pacto eterno".[461] Y Pedro, dijo: "... ustedes mataron - a Jesús -, clavándolo en la cruz. Sin embargo, Dios lo resucitó, librándolo de las angustias de la muerte, porque era imposible que la muerte lo mantuviera bajo su dominio".[462]

2. *Que el Espíritu Santo fue el que resucitó a Jesús.* En la Escritura encontramos esta declaración: "Pero si el Espíritu de Aquel que resucitó a Jesús de entre los muertos habita en ustedes, el mismo que resucitó a Cristo Jesús de entre los muertos, también dará vida a sus cuerpos mortales por medio de Su Espíritu que habita en ustedes".[463] El apóstol Pedro dijo: "Porque Cristo mismo sufrió la muerte por nuestros pecados, una vez para siempre. Él era inocente, pero sufrió por los malos, para llevarlos a ustedes a Dios. En su fragilidad humana, murió; pero resucitó con una vida espiritual".[464]

3. *Que fue el mismo poder de Jesús el que resucitó su cuerpo.* El apóstol Pablo dijo: "Lo que quiero es conocer a Cristo, sentir en mí **el poder de su resurrección** y la solidaridad en sus sufrimientos; haciéndome semejante a él en su muerte, espero llegar a la resurrección de los muertos".[465] En el Evangelio de Juan, Jesús, dijo a los judíos: "—Destruyan este templo, y en tres días volveré a levantarlo". Mas

---

461   Hebreos 13:20
462   Hechos 2:24, (NVI).
463   Romanos 8:11, (NBLA).
464   I Pedro 3:18, (DHH).
465   Filipenses 3:10-11, (DHH). Las **Bolds** y las *itálicas* son mías.

adelante en su ministerio terrenal dijo: "El Padre me ama porque yo doy mi vida para volverla a recibir. Nadie me quita la vida, sino que yo la doy por mi propia voluntad. Tengo el derecho de darla y de volver a recibirla".[466]

¡Wauuu!, ¡esto es asombroso! Alguien ha dicho que no existe peor ciego que el que no quiere ver. Existen suficientes pruebas bíblicas e históricas para asegurar la Resurrección de Jesús. Son pruebas que Dios dejó como testimonio porque la Resurrección de Jesús es un evento esencial para el cristianismo.

Entiendo que "algunos se turban cuando oyen decir que el Padre es Dios, que el Hijo es Dios y que el Espíritu Santo es Dios, y, sin embargo, no hay tres dioses en la Trinidad, sino solo un Dios; y tratan de entender como puede ser esto; especialmente cuando se dice que la Trinidad actúa inseparablemente en todas las operaciones de Dios; con todo, no fue la voz del Hijo, sino la del Padre, la que resonó; solo el Hijo se apareció en carne mortal, padeció, resucitó y subió al cielo; y solo el Espíritu Santo vino en forma de paloma".[467] Y, sin embargo, aunque esto te turbe, la Resurrección de Jesús no deja de ser un evento esencial para el cristianismo.

II.- EL ESPÍRITU QUE RESUCITÓ A JESÚS NOS RESUCITARÁ.

Las noticias del periódico La Opinión, el jueves 19 de agosto (2021), anunciaron que: "Haití vive días desoladores.

---

[466]   Juan 2:23-24; 10:17-18, (DHH).

[467]   Agustín de Hipona. *La Trinidad.* (San Bernardino, California. Ivory Falls Books.2017), 8

Luego de que un terremoto azotara la isla caribeña el sábado (14 de agosto) —dejando al menos 2.100 muertos—, otro desastre natural vino a golpear una vez más a sus habitantes: la tormenta tropical Grace. Intensas lluvias y fuertes vientos han dificultado las complejas labores de rescate entre los escombros que dejó el movimiento telúrico de magnitud 7.2".[468] ¡Nada agradable! Dolor, tristeza, desesperación, angustia y desesperanza.

Sin embargo, cuando pensamos y creemos en que Jesucristo venció a la tumba y a la misma muerte, encontramos esperanza en medio de lo catastrófico. La Biblia nos asegura que el Espíritu que Resucitó a Jesús nos Resucitará en Su santa voluntad y al tiempo de Él.

Una de las grandes declaraciones paulinas que asegura una vida futura dice: "Y si el Espíritu de aquel que resucitó a Jesús vive en ustedes, el mismo que resucitó a Cristo dará nueva vida a sus cuerpos mortales por medio del Espíritu de Dios que vive en ustedes".[469] Es muy cierto que cuando este cuerpo muera, porque es mortal, volverá al polvo del cual fue hecho, pero, ese no es el final del individuo, de alguna manera milagrosa, dondequiera que haya quedado su cuerpo, de allí, el poder del mismo Espíritu que resucitó a Jesús, también los resucitará; de alguna manera milagrosa, Dios volverá a juntar los átomos y todos los componentes del ser humano y les volverá a dar vida.

La lectura de Romanos 8:9-11, claramente enseña que: "Dios asegura de un modo claro e inconfundible que su

---

[468]   BBC News Mundo. *Terremoto en Haití: "Estamos abandonados y la gente está desesperada por comida, por algo de ayuda"*. (La Habra, California. Internet. Artículo publicado el 19 de agosto 2021. Consultado el 20 de agosto del 2021), ¿? https://laopinion.com/2021/08/19/terremoto-en-haiti-estamos-abandonados-y-la-gente-esta-desesperada-por-comida-por-algo-de-ayuda/?utm_source=La%20 Opini%C3%B3n%20

[469]   Romanos 8:11, (DHH).

Espíritu ha establecido su morada en los corazones de – todos los cristianos -, así, aunque sus cuerpos mueran, Él les levantará de entre los muertos, tal como hizo con Jesús".[470] Todos los que sinceramente hemos hecho un compromiso con Jesucristo de amarle, de servirle y de que Él sea nuestro único Dios, ¡seremos resucitados!

Ahora bien, esto es esencial en la vida cristiana; es decir que, sin la Resurrección de Jesús en el cristianismo no existe la esperanza de que los seres humanos que han entregado su vida a Jesucristo sean resucitados a una mejor y eternal vida escatológica. Si le quitamos el valor esencial a los relatos bíblicos sobre su inspiración divina, corremos el riesgo de hacer de la Resurrección de Jesús un mito; algo no esencial. La Biblia y todos sus relatos son de vital esencia para el cristianismo porque todos ellos dan una esperanza satisfactoria y por supuesto seguridad esencial. De allí que, la Resurrección de Jesús, tal y como se narra en los escritos del Nuevo Testamento son esenciales para la Doctrina Cristiana.

Cuando un grupo selecto de sacerdotes católicos están considerando que: "La Biblia ya no es un texto literal",[471] están poniendo el dedo en la llama de la divinidad y corren el peligro de quemarse y hacer que otros se quemen. Dustin Thompson, investigando sobre los asuntos del Vaticano "se topó con uno de los hallazgos que considera más sorprendentes después de

---

[470]   John Piper. El Espíritu dará vida a vuestros cuerpos mortales. (City of Commerce, California. Fuerza Latina Intertaiment Inc. Abril del 2014), 4.

[471]   Héctor G. Barnés. *IAN CALDWELL PUBLICA 'EL QUINTO EVANGELIO' (Lo que descubrí después de pasar 11 años investigando al Vaticano)*. (La Habra, California. Internet. Artículo publicado el 3 de mayo del 2015. Consultado el 20 de septiembre del 2021), ¿? https://www.elconfidencial.com/alma-corazon-vida/2015-03-05/lo-que-descubri-despues-de-pasar-11-anos-investigando-al-vaticano_721525/

entrevistar al primer sacerdote"⁴⁷² que le había ayudado en la escritura de uno de sus libros. "Este le explicó el proceso de estudio de la Biblia que seguían los seminaristas; en concreto, lo que se conoce como los evangelios sinópticos, es decir, tres de los cuatro evangelios canónicos (los de Mateo, Marcos y Lucas), que coinciden en la mayor parte de sus descripciones sobre la vida de Jesús".⁴⁷³ En este proceso de estudio, lo que están haciendo es desacreditar la Biblia. Y como la Biblia menciona la Resurrección de Jesús y, este evento es algo esencial para el cristianismo, entonces, pues, volvemos a lo que el Apóstol Pablo dijo: "Porque si los muertos no resucitan, entonces tampoco Cristo resucitó; y si Cristo no resucitó, el mensaje que predicamos no vale para nada, ni tampoco vale para nada la fe que ustedes tienen".⁴⁷⁴

¿Qué la Resurrección de Jesús estaba desacreditada para el apóstol Pablo? ¡En ninguna manera! Él les dijo a los hermanos de la ciudad de Corinto lo siguiente: "... les he enseñado la misma tradición que yo recibí, a saber, que Cristo murió por nuestros pecados, según las Escrituras; que lo sepultaron y que resucitó al tercer día, también según las Escrituras; y que se apareció a Cefas, y luego a los doce. Después se apareció a más de quinientos hermanos a la vez, la mayoría de los cuales vive todavía, aunque algunos ya han muerto. Después se apareció a Santiago, y luego a todos

⁴⁷² Héctor G. Barnés. *IAN CALDWELL PUBLICA 'EL QUINTO EVANGELIO' (Lo que descubrí después de pasar 11 años investigando al Vaticano)*. (La Habra, California. Internet. Artículo publicado el 3 de mayo del 2015.

⁴⁷³ Héctor G. Barnés. *IAN CALDWELL PUBLICA 'EL QUINTO EVANGELIO' (Lo que descubrí después de pasar 11 años investigando al Vaticano)*. (La Habra, California. Internet. Artículo publicado el 3 de mayo del 2015. Consultado el 20 de septiembre del 2021), ¿? https://www.elconfidencial.com/alma-corazon-vida/2015-03-05/lo-que-descubri-despues-de-pasar-11-anos-investigando-al-vaticano_721525/

⁴⁷⁴ I Corintios 15:13-14, (DHH).

los apóstoles. Por último, se me apareció también a mí...".[475] Pablo no tenía la menor duda de que Jesús había resucitado. Para Pablo, la Resurrección de Jesús fue algo esencial en su vida. Y, ahora, ¡la Resurrección de Jesús es algo esencial para el cristianismo!

Y, sin embargo, no solo es el propósito de desacreditar la Biblia, sino que el grupo de seminaristas, de acuerdo con el investigador, "hacían hincapié en ellas como una forma de olvidarse de lo accesorio y centrarse en lo esencial: 'Los sacerdotes están siendo entrenados para poner las escrituras bajo el microscopio. Para permitir, e incluso insistir, en que hay partes de los evangelios que no deben ser interpretadas como Historia'."[476] Y, si la Resurrección de Jesús no es parte del relato bíblico, entonces, pues, deja de ser esencial para el cristianismo.

Así que, si la Resurrección de Jesús no es esencial para el cristianismo, entonces, toda la predicación que haga referencia a Jesucristo es vana, es algo hueco, algo sin fundamento histórico. Si esto es así, no existe ninguna razón para celebrar los eventos de *La Ultima Semana* de la vida terrenal de Jesús.

Volvamos a la Hermenéutica Bíblica. Si existen algunas *partes de los evangelios que no deben ser interpretadas como Historia*, o de algún otro relato bíblico, entonces, la Biblia tienen errores históricos y si los tiene, entonces no es la Palabra de Dios, pues el Señor no se equivoca, de lo contrario no es Dios. Y, si no es Dios, entonces, ¡Jesús no

---

[475]   I Corintios 15:3-8, (DHH).

[476]   Héctor G. Barnés. *IAN CALDWELL PUBLICA 'EL QUINTO EVANGELIO' (Lo que descubrí después de pasar 11 años investigando al Vaticano).* (La Habra, California. Internet. Artículo publicado el 3 de mayo del 2015. Consultado el 20 de septiembre del 2021), ¿? https://www.elconfidencial.com/alma-corazon-vida/2015-03-05/lo-que-descubri-despues-de-pasar-11-anos-investigando-al-vaticano_721525/

nos resucitará en el escatón![477] ¡Nuestra seguridad en Cristo Resucitado es vana!

No se dejan engañan. Aunque una elite de sabios ponga en duda la inspiración de la Biblia, ella, sigue siendo la Palabra de Dios y la Resurrección de Jesús algo esencial para el cristianismo. ¡Sí, Jesucristo nos resucitará en los postreros días!

III.- LA ESENCIA DE LA RESURRECCIÓN DE JESÚS: ¡VIDA!

Mientras Jesús ministró corporalmente en esta tierra, un día les dijo a sus discípulos: "—Yo soy el camino, la verdad y *la vida*. Solamente por mí se puede llegar al Padre".[478] La ciencia se ha afanado por encontrar el origen de la vida. Y, cuando "La Vida", es decir, Jesucristo, se manifestó a los seres humanos, no la recibieron. El apóstol Juan dijo que "La Vida", a los suyo y a los suyos vino, pero no la recibieron.[479] *Primeramente*, este texto habla de la tierra de Israel y de los judíos, ellos no lo aceptaron como el Mesías de Dios. *Segundo*, por extensión, muchos otros de las diferentes naciones tampoco lo han aceptado. Lo que es la esencia de la Resurrección de Jesús, aún sigue siendo rechazada. La vida en Cristo Jesús parece seguir siendo un dilema que está en contra de la ciencia.

---

[477] Mario Alberto Molina. *Escatón*. "Éscaton" es una palabra griega. En el vocabulario cristiano designa aquellas realidades definitivas que trascienden la historia humana: la resurrección de los muertos, el juicio divino, el cielo y la felicidad eterna con Dios o la condenación y el infierno. (La Habra, California. Internet. Artículo publicado el 21 de julio de 2018 a las 0:07h. Consultado el 20 de septiembre del 2021), ¿? https://www.prensalibre.com/opinion/el-escaton/

[478] Juan 14:6, (DHH). Las **Bold** y las *Itálicas* son mías.

[479] Juan 1:11.

¿Por qué ese temor de ser cristiano? ¿Por qué esa duda de la efectividad de la resurrección de Jesús? ¿Por qué dudar de que uniendo la vida humana a la vida del Resucitado hay una garantía eterna? "Mucha gente trata de no unir su vida a Cristo aseverando que, si algo no se puede probar científicamente, eso significa que es algo falso, o algo que no se puede aceptar. El hombre contemporáneo considera que es demasiado inteligente como para que pueda aceptar a Cristo como el Redentor o creer en la Resurrección"[480] de Jesús de Nazaret.

De una manera muy simple pero que no deja de ser una realidad científica que la Biblia apoya al cien por ciento es esta afirmación: "... La ciencia afirma que necesitamos por lo menos cuatro elementos para sobrevivir: 1.- *Agua*. 2.-*Aire*. 3.- *Alimentos* y, 4.- *Luz*. Cuando leemos la Biblia notamos lo que JESUS dijo de sí mismo. El que había ministrado en esta tierra y que fue crucificado, muerto y ahora Resucitado dijo:

1. *Yo Soy la Fuente de Agua Viva*. Esta es la idea de la eternidad. Esto quiere decir que Jesús es eterno. Su resurrección confirma esta verdad bíblica y teológica. En la profecía de Isaías tocante al Siervo de Dios; al Mesías Prometido, se le llama: *"Padre eterno"*. El profeta Miqueas profetizó acerca del reinado del libertador desde Belén, y dijo: "Pero tú, Belén Efrata, pequeña para estar entre las familias de Judá, de ti me saldrá el que será Señor en Israel; y sus salidas son desde el principio, desde los días de la eternidad". El testimonio de Juan es que: "En el principio era el

---

[480] Josh McDowell. *¿Qué es esta enseñanza?* (El Espíritu dará vida a vuestros cuerpos mortales. (City of Commerce, California. Fuerza Latina Intertaiment Inc. Abril del 2014), 14.

Verbo, y el Verbo era con Dios, y el Verbo era Dios. Este era en el principio con Dios.". [481]

2. *Yo Soy Aliento de Vida.* Cuando Jesucristo resucitó a Lázaro de Betania, dijo dos importantes declaraciones. La primera fue: "Yo soy la resurrección y la vida; el que cree en mí, aunque muera, vivirá. La segunda fue: y todo el que vive y cree en mí, no morirá jamás".[482]

3. *Yo Soy el Pan de Vida.* En el discurso de Jesús pronunciado en el monte a la orilla del Lago de Tiberias, les dijo a sus hambrientos oyentes: "—Yo soy el pan que da vida. El que viene a mí, nunca tendrá hambre; y el que cree en mí, nunca tendrá sed".[483]

4. *Yo Soy la Luz del Mundo.* En el prólogo del Evangelio de Juan se encuentran estas declaraciones: "La Palabra le dio vida a todo lo creado, y su vida trajo luz a todos. La luz brilla en la oscuridad, y la oscuridad jamás podrá apagarla". Inmediatamente después, Juan, hablando del mismo Jesucristo, dijo: "Aquel que es la luz verdadera, quien da luz a todos, venía al mundo".[484]

¡Aleluya!, la ciencia acertó: ¡Necesitamos a JESUS para vivir"![485] Ese mismo Espíritu que Resucitó a Jesús de entre los muertos es el mismo que, en Cristo Jesús NO solamente

---

[481]   Isaías 9:6; Miqueas 5:2; Juan 1:1-2, (RV, 1960).

[482]   Juan 11.25–26, (LBLA).

[483]   Juan 6:35, (DHH).

[484]   Juan 1:4-5, 9, (NTV).

[485]   Anuncio en el Facebook de Joaquín Pérez Negrete. La Habra, California. Internet. Declaración publicada el 17 de septiembre de 2017. Consultada el 19 de agosto del 2021.

garantiza una sobrevivencia, sino que aun más, garantiza una Vida Eterna. ¡Y esto es esencial para el cristianismo!

Tan esencial es la Resurrección de Cristo para el cristianismo que es un evento considerado "como uno de los siete eventos principales en la historia del universo, desde el principio de la historia hasta el fin. El orden cronológico de dichos eventos es: (1) La creación de las huestes angelicales (Col. 1:16); (2) la creación del universo material y del hombre (Gen. 1:1-31); (3) la encarnación (Jn. 1:14); (4) la muerte de Cristo (Jn 19:30); (5) *la resurrección de Cristo* (Mat. 28:5, 6); (6) la Segunda venida de Cristo (Apoc. 19:1-16); y (7) la creación de los nuevos cielos y la nueva tierra (Apoc. 21:1; Is. 65:17)".[486]

De una manera poética, el apóstol Pablo, se alegra de la Resurrección de Jesús y sus consecuencias al decir: "No todos moriremos, pero todos seremos transformados en un momento, en un abrir y cerrar de ojos, cuando suene el último toque de trompeta. Porque sonará la trompeta, y los muertos serán resucitados para no volver a morir. Y nosotros seremos transformados. Pues nuestra naturaleza corruptible se revestirá de lo incorruptible, y nuestro cuerpo mortal se revestirá de inmortalidad. Y cuando nuestra naturaleza corruptible se haya revestido de lo incorruptible, y cuando nuestro cuerpo mortal se haya revestido de inmortalidad, se cumplirá lo que dice la Escritura: 'La muerte ha sido devorada por la victoria. ¿Dónde está, oh muerte, tu victoria? ¿Dónde está, oh muerte, tu aguijón?'".[487] Así que: "A través de Jesucristo, reconocemos

---

[486] Lewis Sperry Chafer. *Teología sistemática; Tomo I*. Trds. Evis Carballosa, Rodolfo Mendieta P. y M. Francisco Lievano P. (Dalton, Georgia E. U. A. Publicaciones Españolas. 1974), 354. Las **bolds** y las *Itálicas* son mías.
[487] I Corintios 15:51-53, (DHH).

la realidad de la resurrección, y a través de su promesa nos apropiamos de ella en la consumación".[488]

A la luz de la Biblia, no cabe duda de que, primero, si existe la resurrección de los muertos y, segunda, de que Cristo Jesús resucito. De esta manera, pues, "la doctrina de la resurrección de los muertos es el fundamento de todo el cristianismo".[489] ¿Por qué? Porque la esencia de la resurrección de Jesús: ¡Es vida!

CONCLUSIÓN.

Desde el punto de vista bíblico, ¡Jesús resucito al tercer día de acuerdo con las Escrituras! Los apóstoles Pedro y Juan fueron testigos oculares de que el sepulcro estaba vació en la mañana del tercer día después de haber sido sepultado.[490] Aquel mismo día, Jesús se presentó al resto de los discípulos para confirmar su resurrección.[491]

Sin que le abrieran la puerta del lugar en donde los apóstoles estaban reunidos, El Resucitado Jesús, entró, se mostró a ellos y para asegúrales que él era, "les mostró las heridas de sus manos y su costado. ¡Ellos se llenaron de alegría cuando vieron al Señor!"[492]

Muchos años después, cuando el apóstol Juan escribió el libro de Apocalipsis, lo inicia a petición o mandato del Cristo Resucitado. Juan estaba preso en la isla de Patmos por causa

---

[488]   Simón J. Kistemaker. *Comentario al Nuevo Testamento: I Corintios.* (Grand Rapids, Michigan. Libros desafío. Publicado por Baker Book House. 1998), 638.

[489]   Carroll, B. H. *Comentario Bíblico: Santiago, Ira y 2da Tesalonicenses, Ira y 2da de Corintios. Volumen 10.* Trd. Sara A. Hale. (Terrassa (Barcelona), España. Editorial CLIE. 1987), 275.

[490]   Lucas 24:12: Juan 20:1-10.

[491]   Juan 20;19-22.

[492]   Mateo 20:20, (NTV).

de estar predicando el Evangelio de Jesucristo y, fue allí, en donde el Resucitado Cristo Jesús, se le aparece en una gloria mucho más admirable de aquella ocasión en que el mismo Juan dijo: "Y vimos su gloria, gloria como la del unigénito del Padre, lleno de gracia y de verdad".[493]

Tan sublime y admirable fue aquella presencia gloriosa que Juan dijo: "Cuando lo vi, caí a sus pies como muerto".[494] Y luego dice unas palabras que nuevamente comprueban que Jesús de Nazaret, el que fue crucificado y sepultado en los linderos de la ciudad de Jerusalén, en Palestina, ¡No está muerto! ¡Es Jesucristo Resucitado! Notemos lo que dice Juan: "... pero él puso la mano derecha sobre mí y me dijo: '¡No tengas miedo! Yo soy el Primero y el Último. Yo soy el que vive. Estuve muerto, ¡pero mira! ¡Ahora estoy vivo por siempre y para siempre! Y tengo en mi poder las llaves de la muerte y de la tumba'".[495] ¡Jesucristo, resucitó! ¡Un hecho esencial para el cristianismo!

¡Amén!!!

---

[493] Juan 1:14, (RV, 1960.

[494] Apocalipsis 1: 17ª, (NVI).

[495] Apocalipsis 1:17b-18, (NVI).

PARA TERMINAR LA LECTURA DE ESTE LIBRO.

El pastor Aaron Burgner ha dicho que: "La Biblia es una gran historia de una persona, y esa persona es Jesucristo. Él es el héroe de la historia ya sea en el Antiguo Testamento, o en el escatón[496] o en la creación, todo nos apunta al Señor Jesucristo en quien se encuentra la salvación".[497] En este libro no hemos tocado toda la Historia de la Salvación, sino solamente una parte, mejor dijo, una pequeña parte de la historia de *La Ultima Semana* de la Gran Historia de la Salvación en Cristo Jesús.

Así que, para terminar con esta serie de mensajes que he titulado: *La Ultima Semana,* *primero*; pensemos en lo que ha escrito Santiago Wadel en su artículo: *Dios es... El Dios*

---

[496]   Mario Alberto Molina. *"Éscaton" es una palabra griega. En el vocabulario cristiano designa aquellas realidades definitivas que trascienden la historia humana: la resurrección de los muertos, el juicio divino, el cielo y la felicidad eterna con Dios o la condenación y el infierno.* (La Habra, California. Internet. Artículo publicado en la Prensa Libre el 21 de julio de 2018 a las 0:07h. Consultado el 26 de agosto del 2021), ¿? https://www.prensalibre.com/opinion/el-escaton/

[497]   Aaron Burgner. *Comentario en la página del Centro Educativo Indígena en Córdoba, Veracruz, México.* (La Habra, California. Internet. Comentario publicado por el CEI el 27 de julio del 2020. Consultado el 26 de agosto del 2021), ¿? https://www.facebook.com/centroeducativoindigena/

bueno, en el cual ha dicho que Dios es bueno, porque nos da sus promesas y las cumple. Él dice que: "Hemos recibido muchas bendiciones de nuestro buen Dios, pero hay muchas otras bendiciones que están por venir. ¿Cómo lo sabemos? Porque Dios nos ha dado muchas promesas, y la Biblia las califica como 'preciosas', y 'grandísimas' (2 Pedro 1:3-4)".[498]

Son promesas que las encontramos en toda la Biblia, por ejemplo; "Cuando los israelitas ya habían conquistado la tierra prometida, Josué testificó",[499] diciendo que: "Ni una sola de todas las buenas promesas que el Señor le había hecho a la familia de Israel quedó sin cumplirse; todo lo que él había dicho se hizo realidad".[500] Años después, el apóstol Pablo les dijo a los hermanos de la Iglesia de Corinto "que 'todas las promesas de Dios son en él Sí, y en él Amén'. Esto quiere decir que todo lo que Dios promete es cierto (Sí) y seguro (Amén)".[501]

En *segundo* lugar; Había un acuerdo divino. Desde la eternidad, la Santa Trinidad había prometido el plan salvífico. Y como Dios es el Dios que cumple sus promesas, ¡Lo hizo por medio del sacrificio de Cristo Jesús! El Señor Jesucristo se hizo el Cordero Pascual que, en aquella *Ultima Semana* de vida terrenal entregó su vida para cumplir con todo lo prometido desde la eternidad. El apóstol Pablo expresa esta verdad con estas palabras: "Pero Dios, que es rico en misericordia, por

---

[498]		Santiago Wadel. *Dios es... Algunos atributos de Dios. El Dios bueno.* (Costa Rica, C. A. Publicadora la Merced. 2021. Artículo publicado en la Revista La Antorcha de la Verdad. Marzo-abril, 2021. Volumen 35. Número 2.), 7.

[499]		Santiago Wadel. *Dios es... Algunos atributos de Dios. El Dios bueno.* (Costa Rica, C. A. Publicadora la Merced. 2021. Artículo publicado en la Revista La Antorcha de la Verdad. Marzo-abril, 2021. Volumen 35. Número 2.), 7.

[500]		Josué 21:45, (NTV).

[501]		Santiago Wadel. *Dios es... Algunos atributos de Dios. El Dios bueno.* (Costa Rica, C. A. Publicadora la Merced. 2021. Artículo publicado en la Revista La Antorcha de la Verdad. Marzo-abril, 2021. Volumen 35. Número 2.), 7.

su gran amor con que nos amó, aun estando nosotros muertos en pecados, nos dio vida juntamente con Cristo (por gracia sois salvos), y juntamente con él nos resucitó, y asimismo nos hizo sentar en los lugares celestiales con Cristo Jesús, para mostrar en los siglos venideros las abundantes riquezas de su gracia en su bondad para con nosotros en Cristo Jesús".[502]

Dios cumplió en Cristo Jesús su promesa de salvación. Cristo cumplió toda la Escritura profetizada sin dejar nada de ella a la expectativa. En la despedida, la noche antes de ser arrestado, Jesús oró por sus discípulos y les prometió que les enviaría al Consolador; es decir al Espíritu Santo, para que estuviese con ellos todo el tiempo y así, pudieran tener valor y protección de parte de Dios. Antes de ascender al lado de su Padre, Jesús les prometió a sus seguidores que estaría con ellos "siempre".[503] Recordemos que "sus promesas en él son Sí y en él mismo, son Amén". Es decir, son ciertas y seguras.

El hecho mismo de que resucitó de entre los muertos, garantiza que lo que hizo y dijo en *La Última Semana* de su vida en esta tierra es un fuerte cimiento salvífico y de fe en que, además de que Jesucristo es fiel en cumplir su palabra, también nos asegura una eternidad de gloria a su lado.

Eleazar Barajas
La Habra, California.
Septiembre del 2021

---

[502]   Efesios 2:4-7, (RV, 1960).
[503]   Juan 15-16; Mateo 28:16-20.

Bibliografía

La Ultima Semana

Ang, Gonzalo (director). Reader's Digest. *Jesús y su Tiempo. La peregrinación de pascual.* (México. Rider's Digest México S.A. de C.V. 2000).

Aquino, Santo Tomas de. *Cantena Aurea: Comentarios Evangélicos: San Lucas.* (San Bernardino, California. USA. Ivory Falls Books. 2006).

Aquino, Santo Tomas de. *Cantena Aurea: Comentarios sobre el Evangelio de Juan.* (San Bernardino, California. USA. Ivory Falls Books. 2019).

Barclay, William. *Comentario al Nuevo Testamento: Volumen 2: MATEO: II.* Trd. Alberto Araujo. (Terrassa (Barcelona), España. Editorial CLIE. 1997).

Barclay, William. *Comentario al Nuevo Testamento: Volumen 4: LUCAS.* (Terrassa (Barcelona), España. Editorial CLIE. 1994).

Barclay, William. *Comentario al Nuevo Testamento: Volumen 6: JUAN: II.* (Terrassa (Barcelona), España. Editorial CLIE. 1996).

Barclay, William. *Comentario al Nuevo Testamento: Volumen 9: CORINTIOS.* (Terrassa (Barcelona), España. Editorial CLIE. 1996).

Barclay William. *Comentario al Nuevo Testamento: Volumen 10: Gálatas y Efesios.* (Terrassa (Barcelona), España. Editorial CLIE. 1970).

Barclay, William. *Comentario al Nuevo Testamento: Volumen 12: Ira y 2da Timoteo, Tito y Filemón.* (Terrassa (Barcelona), España. Editorial CLIE. 1998).

Barclay, William. *Comentario al Nuevo Testamento: Volumen 15: 1ra, 2da, 3ra de Juan y Judas.* Td. Alberto Araujo. (Terrassa (Barcelona), España. Editorial CLIE. 1998).

Bermúdes, Kittim Silva. *Daniel: Historia y Profecía.* (Viladecavalls, (Barcelona), España. Editorial CLIE. 2014).

Biblia NVI de Estudio Arqueológica: Un viaje ilustrado a raves de la cultura y la historia bíblicas. (Miami, Florida. Editorial Vida. 2009).

Biblia de *Estudio Esquemática.* (Brasil. Sociedades Bíblicas Unidas. 2010).

Biblia Peshito en español. (Nashville, Tennessee. Publicada por Holman Bible Publishers. 2000), 1076.

Bock, L. Darrell. *Comentarios Bíblicos con Aplicación: LUCAS. Del texto bíblico a una aplicación contemporánea.* (Miami, Florida. Editorial Vida. 2011).

Blanchard, Ken y Phil Hodges. *Un líder como Jesús.* (Nashville, Tennessee, USA. Grupo Nelson. 2012).

Bramsen, P.D. *Un Dios un mensaje: Descubre el misterio: Haz el vieje.* (Grand Rapids, Michigan. Editorial Portavoz, filial de Kregel Publications. 2011).

Calcada, S. Leticia. *Edición General. Diccionario Bíblico Ilustrado Holman.* (Nashville, Tennessee. B&H Publishing Group. 2008).

Carro, Daniel, José Tomás Poe y Rubén O. Zorzoli (Editores Generales). *Comentario Bíblico Mundo Hispano: Tomo 8: SALMOS.* (El Paso, Texas. Editorial Mundo Hispano.2002).

Carroll, B. H. *Comentario Bíblico: Los Cuatro Evangelios. Volumen 6. Tomo II.* Trd. Sara A. Hale. (Terrassa (Barcelona), España. Editorial CLIE. 1986).

Carroll, B. H. *Comentario Bíblico: Santiago, 1ra y 2da Tesalonicenses, 1ra y 2da de Corintios. Volumen 10.* Trd. Sara A. Hale. (Terrassa (Barcelona), España. Editorial CLIE. 1987).

Chafer, Sperry Lewis. *Teología sistemática; Tomo I.* Trds. Evis Carballosa, Rodolfo Mendieta P. y M. Francisco Lievano P. (Dalton, Georgia E. U. A. Publicaciones Españolas. 1974).

Edersheim. Alfred. *El Templo: Su ministerio y servicios en el tiempo de Cristo.* (Terrassa (Barcelona), España. Editorial CLIE. 1990).

F. F. Bruce. *La Epístola a los Hebreos.* (Grand Rapids, Michigan. Nueva Creación y William B. Eerdmans Publishing Company. 1987).

Glaser, Mitch. *Isaías 53: Una explicación. Este Capítulo Cambiará Su Vida.* (Nueva York, EEUU. Chosen People Productions. 2010).

Guthrie, H, George. *Comentario con aplicación: HEBREOS. Del texto bíblico a una aplicación contemporánea.* (Miami, Florida. Editorial Vida. 2014).

Hendriksen, Guillermo. *El Evangelio de Mateo: Comentario al Nuevo Testamento.* (Grand Rapids, Michigan. Distribuido por T.E.L.L. Subcomisión Literatura Cristiana. 1986).

Henry Matthew. *Comentario Exegético-Devocional a toda la Biblia: Mateo.* Td. Francisco Lacueva. (Terrassa (Barcelona), España. Editorial CLIE. 1984).

Hipona, Agustín de. *La Trinidad.* (San Bernardino, California. Ivory Falls Books.2017).

Holy Bible. Red Letter Edition. (Chicago, Illinois. The John A. Hertel CO. 1960).

Kenyon, W. E. *En su presencia: Una revelación de quienes somos en Cristo.* Trds Belmonte Traductores. (New Kensington, PA. Whitaker House. 2014).

Kistemaker J. Simon. *Comentario al Nuevo Testamento: I Corintios.* (Grand Rapids, Michigan. Libros Desafío. Publicado por Baker Book House. 1998).

La Biblia de las Américas: Biblia de Estudio. (Nashville, Tennessee. Editada por The Lockman Foundation. Publicada por B&H Publishing Group. 2000).

Latina, fuerza. Revista Cristiana en Español. (City of Commerce, California. Fuerza Latina Intertaiment Inc. Abril del 2014).

Lucano, Max. *Para estos tiempos difíciles: Mira al cielo por esperanza y sanidad.* (Nashville, Tennessee, USA. Grupo Nelson. 2006).

Lee, Witness. *El ministerio celestial de Cristo.* (Anaheim, California. Living Stream Ministry www.ism.org. 2003).

Macarthur, John. *Una vida perfecta: La historia completa el Señor Jesús.* (Nashville, Tennessee. Grupo Nelson Inc. Una marca registrada de Thomas Nelson Inc. 2012).

Moo, J. Douglas. *Romanos: Comentario con aplicación; del texto bíblico a una aplicación contemporánea.* (Miami, Florida. Editorial Vida. 2011).

Nelson, Eduardo G., Mervin Breneman, Ricardo Souto Copeiro y otros. *Comentario Bíblico Mundo Hispano:*

Salmos: Tomo 8. (El Paso, Texas. Editorial Mundo Hispano. 2002).

Pérez, Millos Samuel. *Comentario exegético al texto griego del Nuevo Testamento: JUAN*. (Viladecavalls (Barcelona), España. Editorial CLIE. 2016).

Pérez, Millos Samuel. *Comentario exegético al texto griego del Nuevo Testamento: EFESIOS*. (Viladecavalls (Barcelona), España. Editorial CLIE. 2010).

Pérez, Millos Samuel. *Comentario exegético al texto griego del Nuevo Testamento: HEBREOS*. (Viladecavalls (Barcelona), España. Editorial CLIE. 2009).

Revista *Selecciones del Reader's Digest*. (New York. USA. Selecciones del Reader's Digest Inc. Sección: Triunfadores. Agosto del 2006).

Stanley, Charles F. *Biblia Principios de Vida*. (Nashville, Tennessee, USA. Grupo Nelson. 2010).

Strobel, Lee. *El Caso de Cristo: Una investigación Exhaustiva. Trd. Lorena Loguzzo. (Miami, Florida. Editorial Vida. 2000)*.

Traducción del Nuevo Mundo de las Santas Escrituras. (Nueva, York. USA. Watch Tower Bible and Tract Society of Pennsylvania e International Bible Students Association of Brooklyn, New York. 1961).

Vila, Samuel. *Enciclopedia Explicativa de Dificultades Bíblicas.* (Terrassa, (Barcelona), España. Libros CLIE. 1990).

Wadel Santiago. *Dios es... Algunos atributos de Dios. El Dios bueno.* (Costa Rica, C. A. Publicadora la Merced. 2021. Artículo publicado en la Revista La Antorcha de la Verdad. Marzo-abril, 2021. Volumen 35. Número 2.).

Wilkins, Michael J. *Comentario Bíblico con Aplicación: MATEO: Del texto bíblico a una Aplicación Contemporánea.* (Nashville, Tennessee, USA. Editorial Vida. 2016).

Printed in the United States
by Baker & Taylor Publisher Services